Kindler
Taschenbücher

Geist und Psyche

Günter Ammon

Gruppendynamik der Aggression

Beiträge zur psychoanalytischen Theorie

Kindler
Taschenbücher

Kindler Verlag GmbH, München
Lizenzausgabe mit Genehmigung
der Pinel-Publikationen, Berlin
Druck und Bindearbeiten: Friedrich Pustet, Regensburg
Printed in Germany 1973
ISBN 3 463 18101 0

INHALT

VORTRAGSFOLGE

I. Vortrag gehalten auf der Tagung der Rheinischen Arbeitsgemeinschaft »Arzt und Seelsorger« in Düsseldorf am 1. 11. 1968.

II. Vortrag gehalten am 10. 7. 1969 im Auditorium Maximum der FU Berlin.

III. Vortrag gehalten auf der 48. Tagung der Deutschen Gesellschaft für Rechtsmedizin in Berlin vom 5. bis 9. 10. 1969.

IV. Vortrag gehalten vor der Deutschen Gruppenpsychotherapeutischen Gesellschaft (DGG) in Berlin am 7. 12. 1969.

V. Vortrag gehalten im Auditorium Maximum der Universität München am 26. 1. 1970.

VI. Ein Teil dieser Arbeit wurde am 27. 4. 1970 als Referat zu einem Kolloquium der Arbeitsgruppe »Bedürfnisforschung« am Institut für Umweltplanung in Ulm (Universität Stuttgart) gehalten.

VII. Vortrag gehalten auf dem 2. Int. Symposion über Analytische Gruppenpsychotherapie in Paestum/Salerno vom 15. bis 20. 5. 1970.

VIII. Vortrag gehalten auf einer wissenschaftlichen Sitzung der Deutschen Akademie für Psychoanalyse (DAP) in Berlin am 20. 7. 1970.

IX. Vortrag gehalten auf dem 8. Internationalen Kongreß für Psychotherapie in Mailand am 27. 8. 1970.

Einleitung

Die vorliegenden Arbeiten zur Psychodynamik und Gruppendynamik der Aggression sind in den Jahren 1968-1970 entstanden. Sie sind hervorgegangen aus der therapeutischen Arbeit mit einzelnen und Gruppen, deren destruktive Dynamik als psychische Krankheit sich manifestierte. In ihnen wird der Versuch gemacht, destruktive Aggression als psychische und im weitesten Sinne soziale Pathologie verstehbar zu machen und Wege zu ihrer Überwindung zu zeigen. Die Analyse des Phänomens geschieht daher in emanzipatorischer Absicht. Heilung ist möglich und eine soziale Aufgabe, mit diesem Satz läßt die Position des Autors sich umreißen.

Die einzelnen Arbeiten, als Vorträge für ein jeweils verschiedenes Publikum konzipiert, entwickeln ihren Gegenstand in verschiedenen Situationen und von verschiedenen Seiten her. Alle aber sind Teile eines zusammenhängenden Gedankenganges, dessen Kontinuität sich ergibt aus der praktischen therapeutischen Arbeit, deren theoretischer Reflexion sie dienen. Sie wollen verstanden werden als Entwicklungsschritte einer psychoanalytischen Theorie der Aggression, die ihren Gegenstand mit zunehmender Deutlichkeit als soziales Problem formuliert.

Freud hat die Aggressionstheorien, welche er entwickelte, mit dem ausdrücklichen Hinweis auf ihren vorläufigen und spekulativen Charakter vorgetragen. Insbesondere gilt dies für seine Lehre von einem allem Organischen innewohnenden Trieb zum Tode und einem davon abgeleiteten Destruktionstrieb, wie er sie in *»Jenseits des Lustprinzips«* (1920) entwickelte. Er hat daher die psychoanalytische Ausbildung und Praxis zwar abhängig gemacht von der Libidolehre und dem psychoanalytischen Verständnis von Übertragung und Widerstand, nicht aber von seiner Dualtrieblehre. Die Weiterentwicklung der Psychoanalyse in der psychoanalytischen Ich- und Gruppenforschung hat denn auch den Gewinn immer zweifelhafter werden lassen, welchen die Analyse aus der Dualtrieblehre und dem Konzept der Triebmischung und Sublimierung ziehen zu können glaubte.

Die Lehre von einem primären Trieb zu Tod und Zerstörung versuchte, die Phänomene destruktiver Aggression im Rahmen einer individualpsychologischen Theorie zu erklären. Als es jedoch der psychoanalytischen Ich-Psychologie gelang, jene Interaktionsprozesse zu erforschen, welche das sich entwickelnde Individuum mit der Gruppe, worin es aufwächst, verbinden – Interaktionen, die dem einzelnen die Entwicklung schuldfreier Identität entweder erlauben oder aber diese Entwicklung pathogenetisch arretieren können –, erwies die Theorie des eingeborenen Todes- und Zerstörungstriebes sich als ein Hemmnis eben dieser Arbeit. Sie sucht die Quelle destruktiver Aggression als Trieb im Individuum, der sich etwa in der »ziellosen Grausamkeit« des Kindes äußere. Die analytische Erforschung der Dynamik von Familiengruppen aber hat uns die Kommunikationspathologie kennen gelehrt, welche die Ich-Entwicklung des einzelnen verstümmelt und ihren Ausdruck in der gegen das eigene Selbst oder nach außen gerichteten Destruktion findet. Destruktive Aggression, das lehren diese Untersuchungen – besonders der sogenannten schizophrenogenetischen Familie –, ist das Ergebnis mißlingender Kommunikation der Individuen untereinander, bevor sie sich äußert als individuelle Pathologie. Kommunikation bezeichnet in diesem Zusammenhang sowohl die Art und Weise der Befriedigung der Bedürfnisse als auch die Formen, in denen sich die Gruppe darüber verständigt. Die destruktive Dynamik der psychischen Krankheit des einzelnen resultiert aus der destruktiven Dynamik der Gruppe und nicht umgekehrt.

Die vom Verfasser entwickelte Theorie der destruktiven Aggression als einer Pathologie der zentralen Ich-Funktion des ad gredi lenkt daher das analytische Interesse zurück auf jene Realsituation, welche der frühe Freud noch nicht als Phantasie seiner Patienten »entlarvt« hatte. Als unmenschlich und barbarisch erscheint hier nicht die Triebnatur des einzelnen, dem Soziabilität durch Unterdrückung aufgezwungen werden muß, sondern die Organisation sozialer Gruppen, welche das Individuum der Möglichkeiten seiner Selbstverwirklichung berauben.

Gegen das Selbstbewußtsein der viktorianischen Bourgeoisie, welches Herrschaft und Unterdrückung als Statthalter von Fortschritt und Humanität erlebte, errichtete Freuds pessimistische Kulturtheorie eine kritische Front, indem er den selbstbewußten

Frieden des bürgerlichen Individuums beschrieb als das labile Ergebnis eines permanenten psychischen Bürgerkrieges im Individuum selbst und zwischen Individuum und Gruppe. Seine Konzeption des bürgerlichen Individuums als Ergebnis eines fortschreitenden Unterdrückungsprozesses dekuvrierte den Unterdrückungszusammenhang einer Gesellschaft, in der dieses Individuum sich frei und gleich zu bewegen meinte. Insofern sagte er mit Recht, seine analytische Psychologie sei Sozialpsychologie. Indem er aber als Agenten der Destruktion einen Todes- und Zerstörungstrieb ins Individuum verlegte, versperrte er für lange Zeit der psychoanalytischen Forschung den Blick für die Realgeschichte der destruktiven Dynamik in der Gruppe.

Dies um so mehr, als die kritische Tendenz der Freudschen Dualtriebkonstruktion von den meisten seiner Nachfolger nicht begriffen wurde. Während Freud Kultur insgesamt begriff und kritisierte als unterdrückende Domestizierung des Strebens nach Befriedigung, richten seine Nachfolger diese Kritik gegen das Individuum, dem diese Domestizierung nicht gelingen will. Dies gilt für die orthodoxe Analyse ebenso wie für die Dissidenten. Die Individualisierung der psychischen Krankheit läßt beiden die Therapie zum Moralproblem werden. Freud trug seine pessimistische Theorie als eine kritische Offensive gegen das »falsche Bewußtsein« seiner Zeit vor. »Heute ist es der Pessimismus, der selbstgefällig geworden ist«, sagt Riesman in seinem Freudbuch und beschreibt damit das Selbstverständnis der Epigonen.

Wenn in den vorliegenden Arbeiten die Todestrieblehre als nicht sinnvoll abgelehnt wird, dann deshalb, weil destruktive Aggression weder als individuelles noch als universales Problem adäquat erfaßt und behandelt wird, sondern nur in der Gruppe als konkretes Problem studiert und gelöst werden kann. Denn allein die aus der destruktiven Dynamik sich emanzipierende Gruppe bietet dem einzelnen die Möglichkeit der Selbstbefreiung und kann daher zur Basis gesamtgesellschaftlicher Veränderung werden.

I. Zur Psychodynamik und Gruppendynamik der Aggression

Es ist ein weit verbreitetes Vorurteil, daß die Wissenschaft der Psychoanalyse einen sogenannten angeborenen Aggressionstrieb als einen auf Erfahrung und Forschung beruhenden Lehrsatz allgemein anerkennt. Erstaunlicherweise wird diese Meinung immer wieder nachgesprochen und nachgeschrieben und sogar vom Gelehrten manchmal als ein Dogma unkritisch übernommen. Beim sorgfältigen Studium der psychoanalytischen Literatur wird jedoch ersichtlich, daß das Problem der Aggression im Vergleich zu anderen verhältnismäßig wenig theoretische Bearbeitung gefunden hat*. Freud kam auch erst ziemlich spät zu der Postulierung seiner sogenannten Dual-Triebtheorie, die er selbst als eine Mythologiebildung bezeichnete. Er machte die Qualifizierung seiner Schüler zum Psychoanalytiker nicht von deren Anerkennung abhängig, ganz im Gegensatz zu anderen psychoanalytischen Denkmodellen, wie z. B. der Libidotheorie, der Verdrängung, dem Ödipuskomplex und den Phänomenen

* Die wissenschaftstheoretische Bearbeitung der Aggressionslehre durch die Psychoanalyse wurde kürzlich durch Ammon (1969, 1969 g) analysiert. Von früheren Bearbeitungen sei besonders hingewiesen auf Fenichel (1945), Hartmann, Kris und Loewenstein (1949), Karl Menninger (1938, 1963 und 1968) sowie Mitscherlich (1958, 1962, 1965 a und 1965 b). Bekannt durch seine These, die er auch uns gegenüber in Arbeitssitzungen oftmals wiederholte, ist besonders Karl Menninger: »Aggression ist nur etwas, was einen anderen Menschen leiden macht.« Zu Herbert Marcuses Position (1967, 1969) hinsichtlich menschlicher Aggression wäre u. E. zu sagen, daß er die entscheidende Dynamik des Unbewußten und ihre Geschichte hinsichtlich der Aggression destruktiver Art vernachlässigt zugunsten von Umwelteinflüssen unserer gegenwärtigen Industriegesellschaft, die selbst, wenn sie behoben, keine Befreiung von menschlicher Destruktion (als Symptomatik unbewußter und in der Kindheit erworbener Konflikte) geben könnte. Dies will jedoch nicht sagen, daß wir nicht auch sozialpsychologisch und großgruppendynamisch auf unsere Gesellschaft einwirken müssen. Wir müssen uns nur klar bewußt sein, daß wir damit keine Symptomatik geistig-seelischer Störung des einzelnen beheben können. Marcuse hat durch seine Thesen in diesem Aspekt eine ganz besondere Verwirrung unter den an der Psychoanalyse ernsthaft interessierten Studenten unserer Tage angerichtet. Besonders verwiesen sei noch auf Arno Placks (1968) Bemühung um die sozialpsychologischen Aspekte gesellschaftlich destruktiver Kräfte.

von Übertragung und Widerstand in der Therapie. Nur wenige Psychoanalytiker erkannten Freuds späte Destruktions- und Todestrieblehre an. Diese Theorie unterscheidet zwei Haupttriebrichtungen: den Sexualtrieb bzw. Lebenstrieb (Libido) und den Destruktions- bzw. Todestrieb. Während der Sexualtrieb die Erhaltung des Lebens zum Ziel hat und allein die Aufhebung sexueller Spannungen anstrebt, sucht der Todestrieb die Aufhebung aller Spannungen, also auch die des Lebens selbst. Um dem Todestrieb entgegenzuwirken, ist der Sexual- bzw. Lebenstrieb bemüht, dessen destruktive Regungen vom Selbst auf die Umwelt abzuleiten. So äußert sich der Todestrieb als gegen die Umwelt gerichtete Destruktion. Ich zitiere Freud (1923): »Wir erkennen, daß der Destruktionstrieb regelmäßig zu Zwecken der Abfuhr in den Dienst des Eros gestellt ist ...«

Zu der modernen Verhaltensforschung am Tier, besonders vertreten durch Konrad Lorenz, ist zu sagen, daß seit der ältesten Steinzeit 50000 Jahre menschlicher Kulturentwicklung, die den Menschen vom Tier trennen, vergangen sind.

Heute will ich versuchen, einen Beitrag zur Entwicklung einer funktionellen psychoanalytischen Theorie der Aggression zu leisten. Im Laufe einer zwanzigjährigen Erfahrung konnte ich immer wieder bei meinen Patienten entweder gegen sich selbst oder gegen die Umwelt gerichtete Destruktionsvorgänge beobachten. Der graduelle Unterschied entsprach der Schwere des Krankheitsbildes. Zeichen eines angeborenen, konstitutionellen Zerstörungs- und Todestriebes konnte ich nicht finden. Was dagegen den Anschein eines derartigen Zerstörungstriebes gab, konnte jeweils aus der Psychodynamik und Lebensgeschichte des Patienten verstanden werden. Ich sehe die geistig-seelischen Störungen als ein gleitendes Spektrum, angefangen beim sogenannten Normalen bis hin zum psychisch Schwerst-Gestörten. Destruktive Aggression ist m.E. immer als eine Reaktion auf Frustrierung zu verstehen. Beim schwer seelisch Kranken fand m.E. diese Frustrierung in der frühesten Kindheit statt und ist in der Psychotherapie aufhebbar. Beim sogenannten Normalen mag es eine vorübergehende Frustrierung sein, die die Aggression auslöst, sie ist durch Beseitigung der aktuellen Frustration aufhebbar. Handelt es sich jedoch um eine in der Kindheit erworbene Neurose, die bisher unerkannt blieb, so können starke Frustrierungen die Aggression zum Ausbruch bringen.

Ich möchte hier eine Entdeckung Freuds, die moralische Instanz im Menschen, das sogenannte Über-Ich erwähnen und zwar im Zusammenhang mit seiner Erforschung der Psychodynamik der Depression. Die Entdeckung dieser Instanz im Menschen war der Psychoanalyse nur durch das Studium von Störungen in der Beziehung zwischen dem Ich einer Persönlichkeit und seiner moralischen Instanz möglich. Bei gesunder Entwicklung sind diese beiden Instanzen im Einklang miteinander. Ich und Über-Ich decken sich sozusagen. Ein freundliches, mit einem konstruktiven Leit- und Wertbild verinnerlichtes Über-Ich macht kulturelle Leistung des Menschen überhaupt erst möglich. Man sollte annehmen, daß diese Instanz immer konstruktiv und gut, eben moralisch sei. Die Psychoanalyse jedoch entdeckte, daß das Über-Ich die ursprünglichen Gebote, Forderungen und Verhaltensweisen der Eltern darstellt, die durchaus auch feindselig, überfordernd, verbietend und einengend sein können. Ein derartiges Über-Ich richtet sich besonders gegen die Triebansprüche des Es und hat Schuldgefühl und Bestrafungsbedürfnis zur Folge. Dies gilt natürlich insbesondere für die Verdrängung sexueller Triebwünsche. Bei dieser Verdrängung wird – besonders, wenn es sich um inzestuöse Triebwünsche handelt – ein beträchtliches Maß an Angst frei, die das Ich (als Träger der Angst) durch Aggression abzuwehren versucht. Im Zuge dieser Dynamik sind auch psychosomatische Reaktionen zu verstehen.

Als Beispiel sei eine Frau angeführt, die mit ihrem Ehemann in einer ihr nicht bewußten Vaterbeziehung lebte. Ihre Schuldgefühle und Bestrafungsbedürfnisse wehrte sie durch schwere funktionelle Rückenschmerzen ab. Als man ihr in der Klinik diese Schmerzen durch örtlich betäubende Injektionen nahm, setzte schlagartig ein panikartiger Angstanfall ein, und sie reagierte völlig unmotiviert erscheinend aggressiv gegen ihren zufällig zu Besuch kommenden Ehemann.

Die Angst, die beim psychisch gesunden Menschen eine Warn- und Schutzfunktion hat, indem sie auf drohende Gefahren aufmerksam macht, hat beim konfliktgestörten Menschen irrationalen Charakter. Der Patient spürt sie, ist sich jedoch aufgrund der Verdrängung ihrer Ursachen nicht bewußt. Dieses irrationale Moment überträgt sich auf die destruktive Aggression, also die Ich-Abwehr der Angst, wobei die Stärke der Aggression der

Stärke der Angst entspricht. In diesem Zusammenhang sei auch der von Anna Freud (1936) entdeckte Abwehrmechanismus von Ich-Angst, die »Identifikation mit dem Angreifer«, erwähnt.

So wird das Ich entweder psychosomatisch, depressiv oder aber feindselig aggressiv gegenüber der Umwelt reagieren. Dieses Wechselspiel konnte ich bei meinen Patienten immer wieder beobachten: In der depressiven Phase wird die Aggression des feindseligen Über-Ichs gegen das eigene Ich gerichtet, während der Patient in der destruktiv aggressiven Phase sein feindseliges Über-Ich mit der Umwelt identifiziert und seine Aggressionen gegen diese richtet. Ein zentrales Beispiel destruktiver Aggression in geistig-seelischen Erkrankungen ist der unbewältigte Ödipuskomplex. Freud sah ihn als Kern der Neurosen an. Hierbei handelt es sich um den zum Teil im Unbewußten wurzelnden und starke Schuldgefühle hervorrufenden Todeswunsch des Sohnes gegenüber dem Vater. Gestatten Sie mir hier einen Fall aus einer psychiatrischen Klinik zu berichten, wo ich fast ums Leben gekommen wäre:

Ein 25 Jahre alter Mann kam wegen eleptoider Anfälle in die Klinik, an denen er seit seinem 14. Lebensjahr litt. Seine Mutter starb, als er 13 Jahre alt war, nach kurzer schwerer Krankheit, die der Vater ihm verheimlicht hatte. Er erfuhr vom Tode der Mutter, als diese als Leiche aus dem Haus getragen wurde. Ein Jahr später heiratete der Vater seine Sekretärin, die nur wenig älter als sein Sohn war. Zu diesen Zeiten traten erstmalig die eleptoiden Anfälle auf. In der Psychoanalyse wurde deutlich, daß diese Anfälle psychodramatisch einen Geschlechtsverkehr darstellten. Die Aggression wurde gegen den Vater entladen und als Selbstbestrafung folgte am Ende des Anfalles sozusagen ein symbolischer Tod. Im Laufe der Behandlung konnte er seine Aggression auf mich übertragen. Eines Tages entlud der Patient einen Anfall von Aggression auf mich (anstelle eines eleptoiden Anfalles). Er würgte mich mit beiden Händen. Zwei Pfleger, die zu Hilfe kamen, konnten mich nicht befreien, wohl aber eine wohlbeleibte, mütterliche Negerschwester.

Man könnte m. E. den Ödipuskomplex erweitern und die seelischen Konflikte des Vaters miteinbeziehen, die nach unserer Erfahrung den Ödipuskomplex fixieren und verstärken helfen. Wenn der Vater der Patient ist, könnte man hier vom Laioskomplex sprechen. Ein klassisches Beispiel der Weltgeschichte ist

Philipp II. von Spanien, der seinen Sohn Don Carlos zerstörte und sogar die dem Sohne zugedachte Frau ehelichte.

Darüber hinaus könnte man sagen, daß alle Angst im Grunde Kastrations- und Todesangst ist.

Was geschieht nun, wenn dieses als Abwehr von Angst zu verstehende homöostatische Wechselspiel durch die plötzliche Übermacht einer seiner beiden Komponenten versagt? Es scheint offensichtlich, daß die letzte Konsequenz der verinnerlichten Aggression, die sich in Depression und Schuldgefühlen äußert, der Selbstmord ist. Doch auch die nach außen gerichtete Destruktion wirkt letzten Endes selbstzerstörerisch, durch Provokation der Umwelt.

Erinnert sei hier an den jugendlichen Vatermörder von Mittenwald, der seinen Vater erschoß, weil dieser die Mutter permanent quälte und prügelte. Er saß eine verhältnismäßig geringe Jugendstrafe ab. Doch eines Morgens fand man ihn dann tot. Er hatte sich erschossen, da er die Beschimpfung der Dorfbewohner als »Vatermörder« nicht mehr ertragen konnte.

Die klinische Erfahrung einer psychoanalytisch orientierten Psychiatrie zeigt immer wieder, daß der Selbstmord oder Selbstmordversuch nicht einem angeborenen Todestrieb entspringt, sondern ein letzter Versuch der Kommunikation, ein letzter Ruf nach Hilfe und Verständnis ist. Psychodynamisch gesehen ist es der Versuch einer Lösung anders nicht lösbar scheinender innerer und äußerer Konflikte. Die hierbei freigewordene Destruktion richtet sich in der Regel gegen ein verinnerlichtes, ambivalent geliebtes Wesen. Der Selbstmörder sieht keinen anderen Ausweg, sich von diesem Objekt zu befreien. Streng theoretisch könnte man sagen, daß jeder Selbstmord auch ein Mord ist, und umgekehrt hat das Studium der Psychodynamik von Morden ergeben, daß jeder Mord auch eine Art Selbstmord ist.

Destruktive Aggression als Äußerungsform eines unbewältigten Ödipuskomplexes ist durch die Psychoanalyse am meisten erhellt.

Die moderne psychoanalytische Forschung hat ferner durch die Anwendung der Psychoanalyse als Grundlagenwissenschaft für verschiedene Behandlungsmöglichkeiten und durch ihre enge Verbindung mit der Psychiatrie zu neuen Erkenntnissen über die Destruktion jenseits des Ödipuskomplexes geführt. In meiner Forschung und Therapie mit Patienten, die schizophrene oder Borderline-Reaktionen aufwiesen (d. h. geistig-seelische Konflikte, die sich im gleitenden Spektrum zwischen den sogenannten Neurosen und Psychosen bewegen) stellte ich fest, daß der früheste Konflikt mit der Mutter für die stärkste Angst und Destruktion im Menschen verantwortlich zu machen ist. Meine klinische Erfahrung ist, daß die destruktive Aggression im Menschen um so stärker ist, je früher sie gesetzt wird. Hier ist etwa das erste Lebensjahr der symbiotischen Beziehung zur Mutter ausschlaggebend.

Wenden wir uns nun den Beobachtungen am Kleinkind im ersten Lebensjahr zu, so läßt sich auch hier kein genuiner, d.h. primär auf Zerstörung gerichteter Aggressionstrieb feststellen. Dagegen kann man bereits in dieser frühen Entwicklungsphase die verschiedenen Ausdrucksformen einer – wie René Spitz (1957) es formuliert – »gerichteten Aktivität« beobachten, wenn das Kind schrittweise seine passive Rolle aufgibt und in dem Bemühen um Erforschung der Umwelt zu gesteigerter Aktivität übergeht. Auf dieser frühen Stufe der Ich-Entwicklung kann man genau das ad gredi beobachten, das die orale Phase begleitet. Das Kind saugt aktiv, greift nach der Mutterbrust. Schritt um Schritt wird das ad gredi ausgedehnt durch Heranholen, Herankriechen und Herangehen als Manifestationen der stufenweisen Ich-Entwicklung.

Folglich ist es von großer Wichtigkeit, das Kind in seinem ersten Kontakt zur Umwelt gewähren zu lassen. Beim Studium des Verhaltens des Kindes während des ersten Lebensjahres wird man immer wieder die Reaktion des Kindes als verstehbar hinsichtlich seiner Eigenbedürfnisse erklären können. Die Erfahrung, die ich immer wieder mit den Vätern und Müttern meiner Patienten machen muß, lassen jedoch eindeutig das Versagen der Eltern in diesem so wichtigen Punkt der Beziehung zum Kind erkennen. So zeigt sich, daß die Anmeldung kindlicher Bedürfnisse, oder das ad gredi in der Erforschung und dem Versuch der Bewältigung der Umwelt als lästig und störend empfunden wurden und nicht nur durch Nicht-Beachtung oder Verbote unerfüllt blieben, sondern sogar entsprechend aggressiv von den Eltern darauf reagiert wurde. Aufgrund des fehlenden elterlichen Einstellungsvermögens werden somit ad gredi und Ich-Entwicklung gehemmt. Erst wenn durch diese Art der Fehlhaltung der Eltern Konflikte entstehen, entwickelt sich die im Dienste der Selbstverwirklichung stehende, gesunde Aggression zu destruktiver Aggression. Somit wird destruktive Aggression von den Eltern durch ihre im Grunde destruktiv ablehnende Haltung den Ansprüchen ihres kleinkindes gegenüber gesetzt. Eine Manifestationsform der destruktiven Aggression ist das sogenannte temper tantrum bei Kindern, die unbeherrschten Wutausbrüche. Die Reaktion der Eltern wiederum beschränkt sich oft auf die Klärung der Schuldfrage, von welchem Verwandten das Kind seinen »bösen Charakter« geerbt habe. Dabei dient die Überzeugung von der Erblichkeit dieser destruktiven Tendenzen nur dazu, die Eltern von ihrer Eigenverantwortlichkeit zu entbinden, die Ursachen im eigenen Fehlverhalten zu suchen. Bei Interviews mit den Eltern meiner Patienten kann ich immer wieder die Schuldgefühle beobachten, die sie hinsichtlich ihres Verhaltens während der Entwicklung ihrer Kinder haben. Auch die Bezeichnung vom »unartigen Kind« zeugt von dem Mangel an Bereitschaft, sich mit den tatsächlichen Ursachen auseinanderzusetzen. Dagegen höre ich im Umgang mit psychisch gesunden Eltern Sätze wie: »Mein Kind ist lieb, weil ich es liebe« – eine Äußerung, die das Wissen um den Zusammenhang zwischen Liebe und Einfühlungsvermögen der Eltern und aggressivem Verhalten des Kindes erkennen läßt. René Spitz erkennt in seinem Werk den sogenannten Destruktions- und Todestrieb zwar an, um so verwunderlicher ist es jedoch, daß er ihn an keiner Stelle wissenschaftlich beweist, sondern im Gegenteil im Rahmen seiner Forschung über das erste Lebensjahr des Kindes den Aspekt der gesunden, nicht zerstörerischen Aggression betont.

Als freudianischer Psychoanalytiker vertrete ich die biologische Libidolehre voll und ganz, doch möchte ich folgendes bemerken: Beim Studium des menschlichen Verhaltens und bei meinen Patienten konnte ich nur einen Lebenstrieb beobachten, allerdings auch schwer pathologische Störungen dieses Triebes.

Wenn man Kinder als frühest gegebene Minderheit annimmt, so muß man ihre Partner, ihre Eltern, bedenken. Obwohl jeder Psychoanalytiker im Laufe seiner therapeutischen Arbeit Väter und Mütter behandelt, bei denen er destruktiv-aggressive Tendenzen gegen die eigenen Kinder feststellt, verwundert es, daß die psychoanalytische Theoriebildung gerade erst begonnen hat, diesem wichtigen Punkt mehr Beobachtung zu schenken.

In einer psychisch gesunden, d.h. konfliktfreien Familie werden sich, wie Erik Erikson (1965) es sagte, die Eltern mit den Kindern entwickeln. Er meint, daß wir die Tatsachen verfälschen, wenn wir die Eltern als etwas final Gegebenes ansehen.

Obwohl Freud (1921) in seiner grundlegenden Arbeit *»Massenpsychologie und Ich-Analyse«* auf die besondere Dynamik von Masse und Gruppe hingewiesen hatte, fanden diese theoretischen Ansätze und Denkmodelle wenig Beachtung bei den Psychoanalytikern. Freud stützte sich auf die Beobachtungen des französischen Arztes Le Bon (1895) beim Pariser Kommuneaufstand von 1870. Seine wichtige Erkenntnis war, daß sowohl bei den zufälligen als auch bei institutionalisierten Großgruppen allen etwas gemeinsam sein muß, das für den einzelnen das eigene Über-Ich und die Ich-Kontrolle ersetzt. Bei der spontan entstandenen Masse kann dieses Gemeinsame der Zufallsführer sein; bei gesellschaftlichen Institutionen, wie Partei, Kirche oder Heer, sind es die Ideologie und ihre Repräsentanten, die das Problem der Leitfunktion des Über-Ichs für den einzelnen vereinfachend lösen und ihn so der Verantwortung entbinden, selbst über seine Handlungen zu entscheiden.

Die Geschichte bietet genügend Beispiele, wie katastrophal Massenideologiebildung sich auswirken kann. Erfahrungsgemäß ist Ideologiehörigkeit oftmals der schwierigste Widerstand in der Psychotherapie und kann diese sogar unmöglich machen. M. E. ist die Dynamik der Ideologie der Dynamik des Vorurteils verwandt. Alexander Mitscherlich (1962) hat die Psychologie des Vorurteils hinreichend bearbeitet. Vorurteile können eine gefährliche Massenwirkung haben und auch zu gefährlicher Destruktion führen. So sehe ich eine große Gefahr in dem Vorurteil oder in der wissenschaftlichen Ideologie hinsichtlich des angeborenen Destruktionstriebs. Dieses Vorurteil würde eine defätistisch-pessimistische Haltung bestätigen, ja sogar eine Sanktionierung gegenüber destruktiven Tendenzen in der Gesellschaft mit sich bringen.

Kehren wir zur Gruppenpsychologie zurück: in jeder menschlichen Gruppe entsteht eine Gruppendynamik, die beobachtet, verstanden und beeinflußt werden kann. Freuds Erkenntnis war, daß sich sowohl in der Gruppe als auch in der Masse eine Gruppenpersönlichkeit bildet, die dann ein Gruppen-Ich und eine Gruppenmoral, d.h. ein Gruppen-Über-Ich bildet. Dabei spielt die Macht der Suggestion eine große Rolle, die Freud mit der Hypnose verglich; dies ist allgemeines Erkenntnisgut geworden. Beginnen wir mit der frühesten und kleinsten Gruppe, in der der Mensch lebt: der Familie. M. E. ist die Familienkleingruppe Modell für alle anderen Gruppen. Der Gegensatz von Groß und Klein bietet sich hier für die späteren Gegensätze von Herrschern und Beherrschten an. M. E. verhält sich in der Großgruppe der Gesellschaft das um seine Herrschaft besorgte Establishment gegenüber ihm entgegen wirkenden jungen Kräften oftmals ähnlich feindselig aggressiv wie der um seine Macht fürchtende Vater. Dieses psychopathologische Erscheinungsbild einer Gruppe tritt ein, sobald die gesunde, auf einer Partnerschaft des Starken und des Schwachen beruhende Rollenverteilung in irgendeiner Form verletzt und zur Ausbeutung mißbraucht wird. Dies ist eine Feststellung, die sich mir sowohl im dynamischen Prozeß der Gruppenpsychotherapie als auch beim Studium der Gruppendynamik institutionalisierter und zufälliger Gruppen immer wieder bestätigte. Wie katastrophal sich die Unkenntnis der wichtigsten gruppenpsychologischen Phänomene seitens der herrschenden Institutionen auswirken kann, beweisen die weltweiten Studentenunruhen. Ihr Verlauf und ihre Folgen haben unter anderem gezeigt, daß oft die die Legalität ausübenden Kräfte keineswegs genital im psychoanalytischen oder moralisch im kantschen Sinne sind. Die Tatsache, daß unter demonstrierenden Studenten auch geistig-seelisch Kranke sind, die die Demonstration als einen Fluchtmechanismus vor innerpsychischen Ängsten und destruktiver Aggression gegen die eigene Person benutzen, will keineswegs besagen, daß Demonstration oder die Unruhe in der Studentenschaft an sich psychopathologische Phänomene sind. Es wurde im Gegenteil z. B. in Deutschland deutlich, daß hier patriarchalische Herrschaftsansprüche das berechtigte Aufbegehren einer Generation zu ersticken versuchen, die frei von der kranken nationalsozialistischen Moral ihrer Väter nun selbst Ansätze eines sich entwickelnden neuen deutschen Über-Ichs darstellen können. Die Väter dieser Generation waren meistens in den entscheidenden Jahren ihrer Kindheit abwesend oder kamen im Kriege um.

Wenn soziale Anpassung des einzelnen Gesellschaftsmitgliedes ausschließlich durch Furcht vor Strafe erreicht wird, kann sich nur, wie Franz Alexander (1952) schrieb, eine widerwillige Konformität entwickeln. Ich zitiere: »Starre Disziplin, die mit körperlicher Züchtigung und anderen Strafmaßnahmen durchgesetzt wird, ist dazu geeignet, einen militanten, aggressiven Jugendlichen heranzuziehen, wie beispielsweise im alten Sparta, im Hitler-Deutschland und in Sowjetrußland ... Der in der strafenden Atmosphäre des Spielzimmers, der Schule und in den Militärkasernen erzeugte Haß wird gegen fremde Gesellschaften und Minderheiten kanalisiert. Terror verhindert, daß er sich gegen die inneren Autoritäten des Staates wendet.«

Die oben erwähnten gruppendynamischen Erkenntnisse werden nicht zuletzt durch jahrzehntelange Erfahrung einer psychoanalytisch orientierten Gruppenpsychotherapie, die Freuds Interesse an der Massenpsychologie wieder aufnahm, gewonnen. Viele Therapeuten haben in der Gruppenpsychotherapie die Technik entwickelt, die Gesamtgruppe als eine Persönlichkeit zu behandeln. Der englische Psychoanalytiker und Gruppentherapeut Bion (1960) spricht z. B. von einer Gruppenkultur der Therapiegruppe und benutzt jede Äußerung eines Gruppenmitgliedes als eine verbindliche Aussage für die Gesamtgruppe. Ich selbst habe mit dieser Methodik nur gute Erfahrungen machen können. Es sei hier erwähnt, daß ich bei meiner über 12 Jahre gehenden gruppenpsychotherapeutischen Erfahrung mit Regelmäßigkeit folgende Beobachtung machen konnte: Im Gruppenprozeß übernimmt jeweils das psychogenetisch prädestinierte Gruppenmitglied seine geeignete Rolle, z. B. reagiert der am meisten psychosenahe Patient psychotisch, wenn die gesamte Gruppe große Angst erleidet. In diesem Augenblick wird er zum Träger der Angst in der Gruppe. Es verhält sich hier mit der homöostatischen Balance der Gruppe ähnlich wie in einer neurotischen Familie, wo das schwächste Glied in die Rolle des Krankheitsträgers gedrängt wird.

Für den Erfolg der Therapie, sei es Einzel- oder Gruppenpsychotherapie, ist es von großer Wichtigkeit, daß dem Patienten die Möglichkeit zum Ausdrücken seiner Aggression gegeben wird. Erst wenn er seine Aggression äußern darf, sei es im Sinne von Destruktion, aber auch von konstruktivem ad gredi, kann die Therapie erfolgreich verlaufen. Im therapeutischen Prozeß ist der Ausbruch und das Verbalisieren von Aggression oft der Wendepunkt. Bei schwerstkranken Patienten ist Gruppenpsychotherapie oft die einzige Indikation, da die Gruppe gleichzeitig Schutzfunktion hat und dadurch Aggression die Therapie nicht zerbrechen kann.

Verständlicherweise spiegelt die Psychotherapiegruppe für jedes einzelne Mitglied seine Primärgruppe, die Familie, wider. Die Gruppentherapie gibt ihm die Gelegenheit, seine Konflikte und Schwierigkeiten im »Hier und Jetzt« der Gruppendynamik wiederzuerleben und zu korrigieren. Therapie wie aber auch dynamische Forschungsgruppen bieten eine einzigartige Möglichkeit für die Forschung. Eingeladene Gäste und Beobachter können in einer Psychotherapiegruppe, im Gegensatz zur Einzeltherapie, alle auftretenden Gruppenphänomene, z. B. auch destruktive Aggressionen und ihre Dynamik wie in einem Reagenzglas sehen. Destruktive Aggression innerhalb einer Psychotherapiegruppe ist psychodynamisch aus der Gruppengeschichte und aus jeder individuellen Lebensgeschichte ableitbar. Durch starke Führung des Therapeuten wird bei destruktiver Aggression die Zerstörung der Gruppe vermieden; die Gruppenaggression richtet sich dann gegen den Gruppentherapeuten; die Gruppe wird dadurch vereinigt und kann als Gruppe funktionieren.

Gruppenpsychotherapie gibt uns auch Gelegenheit zu sehen, wie einzelne sich mit ihrer destruktiven Aggression auseinanderzusetzen versuchen. Es sei mir gestattet, an dieser Stelle einige repräsentative Beispiele von Einzeläußerungen aus verschiedenen Studentenpsychotherapiegruppen zu zitieren:

1. Aggression gegen die eigene Person

»Ich möchte mit meinen Händen, mit meiner Kraft etwas tun, jemandem hier in der Gruppe wehtun; statt dessen zerbeiße ich mir die Haut an den Fingernägeln und zerkratze mir die Kopfhaut . . .«

2. Manifeste Aggression gegenüber Schwächeren

»Ich bin freigebig mit Kritik, verletzenden Witzeleien und Verachtung gegenüber Unterlegenen in der Gruppe, wie besonders gegenüber Herrn M., der mich an meinen jüngeren Bruder Franz erinnert.«

3. Latente Aggression gegenüber Stärkeren

»Ich würde den Therapeuten wie früher meinen Vater gern körperlich angreifen, habe aber Angst davor.«

4. Angst (vor Kritik und Liebesverlust)

»Ich fürchte mich, in der Universität ein Referat zu halten, genauso wie hier in der Gruppe zu sprechen, aus Angst, ausgelacht zu werden wie zu Hause.«

5. Funktionsunfähigkeit (Arbeits- und Kontaktstörung)

»Jedesmal, wenn ich mich über den Therapeuten geärgert habe und mich von ihm bedroht fühle, kann ich danach zu Hause nichts mehr für mein Studium arbeiten. Früher hatte ich mir angewöhnt, nichts von meinen Aggressionen nach außen dringen zu lassen, doch dadurch war ich zu menschlichen Beziehungen und geistigen Interessen nicht mehr fähig.«

M. E. ist es legitim, aus den Erfahrungen von Gruppentherapie und Gruppendynamik gewisse Schlüsse auf die Dynamik größerer Gruppen und Massen zu ziehen. Ich lehne es jedoch mit Franz Alexander (1952) ab, wenn Psychoanalytiker mit leichter Hand aus ihren Erfahrungen mit Einzelpatienten Schlußfolgerungen auf historisches Geschehen ziehen: z. B., weil es destruktive Kräfte in unseren Patienten gibt, gibt es auch einen Todestrieb und daher Kriege. Dabei wird völlig übersehen, daß es sich hier um ein soziologisches Phänomen handelt. Ökonomische und politische Gegebenheiten führen nach rationalen Erwägungen frei von Triebimpulsen schließlich zum Krieg. Franz Alexander verglich in diesem Zusammenhang diese Art der rein rationalen Berechnung mit den geplanten Zügen eines Schachspiels. Ich zitiere: »Sofern Aggression und Sadismus hier eine Rolle spielen, sind sie nur von sekundärer Bedeutung. Dem Krieg geht ein Beschluß seitens der Führer voraus, und erst dann folgt die Kriegspropaganda, um den zukünftigen Soldaten die nötige innere Einstellung zu geben.«

Gestatten Sie mir, jetzt theoretische Schlußfolgerungen zu ziehen: Durch die Annahme eines angeborenen Destruktionstriebes wird die größte Leistung der Psychoanalyse, nämlich die Einführung des prozeßhaften Denkens in die Psychologie, aufgehoben. Prozeßhaft gesehen ist der Mensch ständig in Entwicklung begriffen; so auch seine Störungen und Konflikte. Er ist wandelbar. Erstaunlich ist, daß Freud an diesem Punkt prozeßhaft dynamisches Denken aufgab und psychodynamisch verstehbares, destruktives Verhalten als angeboren und final gegeben ansah. Es seien hier vier hauptsächliche Einwände gegen die Destruktionstrieblehre angeführt, die besonders im Hinblick auf die psychoanalytische Theorie m. E. von Bedeutung sind:

1. Die Annahme eines angeborenen Destruktionstriebes ist unvereinbar mit der Einführung des prozeßhaften Denkens, das uns zum Verständnis der Konflikte des seelisch kranken Menschen und dadurch zu therapeutischen Möglichkeiten verholfen hat.

2. Die Folge eines solchen Postulats ist eine Kapitulation vor einem angeborenen und somit unbeeinflußbaren Phänomen. Diese Einstellung kennen wir aus der Zeit vor Freud gegenüber geistig-seelischen Erkrankungen.

3. Hinsichtlich destruktiv-aggressiver Tendenzen in Gruppen könnte diese pessimistisch-defätistische Haltung gegenüber tatsächlich verstehbaren Gruppenphänomenen zu einer Gefahr für die Gesellschaft werden.

4. Vereinigt man Destruktionen und Aggressionen unter dem Begriff eines Triebes, so wird die konstruktive Aggression im Sinne des lateinischen »ad gredi« ignoriert.

Der letzte Punkt berührt den Kern meiner Theorie. Unter der grundsätzlichen Ablehnung eines angeborenen Destruktions- und Todestriebes geht sie davon aus, daß prinzipiell zwischen der konstruktiven Aggression des konfliktfreien und der destruktiven Aggression des geistig-seelisch gestörten Menschen unterschieden werden muß.

Ich fasse die Aggression im Sinne des ad gredi, des Herangehens an Menschen und Dinge, als eine Ich-Funktion der Persönlichkeit auf, als ein Vehikel allen menschlichen liebenden und schöpferischen Tuns im Dienste des Lebens- und Erhaltungstriebes.

Im Lichte der Freudschen Libidolehre verstehe ich die Aggression im konstruktiven Sinne als Träger der Triebbedürfnisse der oralen, analen und phallischen psychogenetischen, einmündend in die genitale, menschlich reife und konfliktfreie Entwicklungsstufe und spreche von einer genitalen Aggression. Ich will sagen: die treibende Kraft ist die Libido, die tragende Kraft die Aggression. Die Aggression wird als ein schöpferischer Prozeß innerer Freiheit der genitalen Persönlichkeit gesehen, die im Gefühl eigenen Selbstwertes und selbstverständlicher Selbständigkeit das Recht hat, Dinge neu zu denken und zu tun, die noch nicht getan waren, ohne um Erlaubnis fragen zu müssen. Das ist schließlich die Dynamik aller kulturellen Entwicklung. Aus meiner Erfahrung als Analytiker und Psychiater habe ich keine Anhaltspunkte für einen primären Destruktionstrieb gefunden. Allerdings sehe ich Störungen des ad gredi entsprechend den Störungen und Fixierungen auf den Stufen der Libidoentwicklung.

Darüber hinaus sehe ich die Möglichkeit einer tiefen Störung des ad gredi bei der ersten Ich- und Selbst-Entwicklung durch eine sehr früh gestörte Mutter-Kind-Beziehung.

Ich möchte jedoch meine Position über die Aggression deutlich von den psychotherapeutischen Schulen abgrenzen, die unter Nichtbeachtung von Freuds Entdeckung des dynamischen Unbewußten und ebenfalls unter Nichtbeachtung der psychoanalytischen Libido-Lehre eine nur soziologisch, reaktiv aktuell bedingte Aggression anerkennen.

Freuds Postulat, daß eine Theorie nur so lange Wert hat, wie sie als Handwerkszeug gebraucht werden kann, ist bekannt. Wenn man sie nicht mehr braucht, sollte man sich leichten Herzens von ihr trennen, und er rief seine Schüler dazu auf. In meiner Arbeit habe ich die Theorie eines angeborenen Destruktionstriebes für Therapie und Forschung als außerordentlich pessimistisch und hemmend empfunden. Die heute hier vertretene These der Aggression, als Teil der Ich-Entwicklung psychogenetisch verstehbar, hat sich für mich als brauchbar erwiesen. Eine Theorie sollte funktionellen Charakter in sich selbst haben, d. h. ob richtig oder falsch einem gewünschten Zweck dienen.

Man könnte meinen, daß die Differenzierung zwischen einem konstruktiven ad gredi und destruktiver Aggression eine rein terminologische Haarspalterei sei, und man könnte ferner die Frage aufwerfen, wo denn die Grenze zwischen beiden Phänomenen zu suchen sei. Die Antwort ist einfach: destruktive Aggression ist nach innen und außen gerichtete sinnlose Zerstörung und durch ein vorwiegend irrationales Moment gekennzeichnet, dessen Geschichte erforschbar ist.

Um es psychoanalytisch zu sagen: dem Menschen sind bei der destruktiven Aggression die Motive nicht bewußt. Die Aggression steht unter Herrschaft und Kontrolle des Ichs, die Destruktion nicht. Aggression ist konfliktfrei, Destruktion aus Konflikt geboren.

Ich möchte zum Schluß ein Modell der Psychodynamik destruktiver Aggression geben aufgrund der Erfahrung mit einigen hundert psychisch Leidenden, die ich im Verlaufe der letzten 20 Jahre sah. Ich fand folgende Familiendynamik in der kindlichen Entwicklung dieser Patienten:

Frühkindliche, infantile Sexualität wurde von den Eltern zurückgeschlagen ebenso wie frühkindliches ad gredi, Erforschen und Versuchen.

Bei Untersuchungen konfliktfreier, besonders schöpferischer Persönlichkeiten fand ich in ihrer frühen Entwicklung Eltern, die frühkindliche, infantile Sexualität nicht tabuierten und sich über Versuche des ad gredi ihres Kindes freuten und es unterstützten. Bei diesen Persönlichkeiten konnte ich keine Zeichen von destruktiver Aggression feststellen: sie waren frei, zu lieben und zu arbeiten.

Zusammenfassend ist zu sagen:

Destruktive Aggression verhindert und hemmt jeden Ansatz von Selbstverwirklichung, Arbeitsleistung und Liebe. Ad gredi ermöglicht Leistung, Liebe und damit Selbstverwirklichung.

Angesichts meiner klinischen Erfahrung auf der einen und dem heutigen Stand der psychoanalytischen Ich-Theorieforschung auf der anderen Seite ist die These von einem angeborenen Destruktions- und Todestrieb psychoanalytisch sowie gruppendynamisch nicht länger vertretbar.

II. Psychoanalyse und Gruppenpsychotherapie – Anpassung oder Emanzipation?

Ich bin der Meinung, daß Wissenschaft sich verständlich machen sollte. Sie sollte bereit sein, sich dem Laien zu stellen. Die Psychoanalyse sollte ihre gesellschaftliche Verantwortung erkennen und annehmen. Eine Gefahr scheint mir darin zu liegen, daß die Psychoanalyse sich selbst in die Isolation begibt und sich gesellschaftlichen Prozessen gegenüber nur noch passiv verhält. Die Zeit der Psychoanalyse hinter verschlossenen Türen ist aber vorbei. Selbstverständlich darf diese Öffnung zur Gesellschaft hin nicht so weit gehen, daß dabei die eigene theoretische und praktische Identität aufgegeben wird.

Wenn ich heute zu Ihnen zu dem Thema »Anpassung und Emanzipation« spreche, so tue ich dies aus der Sicht der Analyse. Wenn ich als Psychoanalytiker über Anpassung rede, so möchte ich gleich zu Anfang ein großes Mißverständnis aus dem Weg räumen. Unter Anpassung verstand Freud eine Verhaltensweise im Dienste des Selbsterhaltungstriebes, die dem Menschen hilft, in einer gegebenen Umwelt zu überleben, bzw. sich selbst zu verwirklichen. Vom Standpunkt der psychoanalytischen Ich-Forschung aus müssen wir von einer inneren und äußeren Anpassung als einer wichtigen Ich-Funktion sprechen. Dabei ist für den Menschen die vitale Balance dieser Anpassungsmechanismen von hoher Bedeutung. Ist er überangepaßt an die gegebene Umwelt – ich denke dabei besonders an eine zivilisierte Umwelt von gesellschaftlichen Regelungssystemen –, so kommt es zu einer emotionellen Stauung, die jederzeit eine Entladung neurotischer oder sogar psychotischer Natur hervorrufen kann. Kommt es zu einer Überanpassung nach innen, d. h. an die Welt der Gefühle und Phantasien, so führt dies zu einer Isolierung von der Umwelt und zu Realitätsverlust. Die Freudsche Psychoanalyse versteht unter Anpassung im Dienste des Menschen die Herstellung eines Gleichgewichtes zwischen der inneren und äußeren Welt. Bei einer gesunden psychischen Entwicklung bedeutet Anpassung kulturelles Lernen. Zum Beispiel lernt ein Kind, das innerhalb eines im Urwald lebenden Indianerstammes Mittelamerikas aufwächst, mit Hilfe der Familie, sich im Urwald zurechtzufinden in Hinsicht auf Nahrung, Wasser, Orientierung und Sicherung gegen mögliche animalische und menschliche Feinde. Entsprechend findet im Rahmen der Anpassung ein kulturelles Lernen im Dienste des Selbsterhaltungstriebes auch in zivilisierten Kulturen statt.

Die Überanpassung nach innen könnte man auch als Anpassung an die Neurose oder Psychose bezeichnen, während die Überanpassung an die soziale Umwelt als eine Abwehrform besonders einengender Art gegen neurotische Angst aufzufassen ist, eine Verhaltensweise, welche Karl Menninger (1968) als »gesünder als gesund« zu bezeichnen pflegte und wofür Alexander Mitscherlich (1965) die treffende Formulierung vom Sozialautomatismus fand. In der psychoanalytischen Praxis erfahren wir immer wieder, daß gerade überangepaßte Patienten zu besonders abrupten und gefährlichen Ich-Kontrollverlusten neigen, sobald die Fassade der Überangepaßtheit aus inneren oder äußeren Gründen durchbrochen wird.

Jedem praktizierenden Psychotherapeuten ist der Mechanismus der Anpassung nach innen, d. h. der Anpassung an die Neurose, wohlbekannt. In der psychoanalytischen Therapie richtet sich alle therapeutische Behandlung darauf, daß im Zuge des Prozesses der Übertragung der Analysand unbewußte oder unbewußt gewordene Kindheitskonflikte auf den Analytiker überträgt und wieder erlebt. Durch Interpretation wird der Widerstand aufgelöst, der sozusagen als Repräsentant der Krankheitspartei dafür sorgt, daß der Analysand an die Fesseln der Neurose angepaßt bleibt. Erst wenn es durch die psychoanalytische Behandlung gelungen ist, den Analysanden aus dem Kerker der Neurose, wie Freud es nannte, und aus der passiven Anpassung an diesen Kerker, wie ich hinzufügen möchte, zu befreien, ist der Analysand befähigt, sich im Sinne einer aktiven Anpassung im Dienst seiner Selbstverwirklichung und Bewältigung der Realität der ihn jeweils umgebenden Umwelt zuzuwenden.

Viele von Ihnen werden sich hier an die klassische Formulierung Freuds (1932), »wo Es war, soll Ich werden«, erinnern, was besagen soll, daß der neurotische Mensch, der psychisch Leidende, erst durch die psychoanalytische Behandlung für die

Wirklichkeit frei wird. Im Zuge der Bewußtwerdung kann er Entscheidungen unter Herrschaft und Kontrolle seines eigenen Ichs ausführen. Seine Lebenspraxis ist nicht mehr von unbewußten, infantilen Konflikten bestimmt. Diese Befreiung von den unbewußten, infantilen Konflikten verschafft ihm Zugang zu den konfliktfreien, d. h. psychisch gesunden Anteilen seiner Persönlichkeit und verhilft ihm zur vollen Ausschöpfung seiner menschlichen Möglichkeiten in einer angstfreien Dialektik in bezug auf sich selbst und zu einer aktiven gestaltenden Anpassung an seine Umgebung.

Aktive Anpassung, in diesem Sinne verstanden, ermöglicht es dem Menschen, Entscheidungen zu fällen, seine gesellschaftliche Umwelt umzugestalten und auch den Mut zu finden, neue Wege zu beschreiten und dadurch möglicherweise zu erweiterten Bewußtseinsebenen vorzustoßen, die man als Teil eines gesellschaftlichen Prozesses jenseits von jeder Psychopathologie verstehen muß. Der psychisch gesunde und freie Mensch ist sich dessen bewußt, daß er sich innerhalb der Gesellschaft mit seinem jeweiligen Bezugsgewebe auseinanderzusetzen und sich in dieses hinein als homo politicus zu entwerfen hat. Eine pathologisch selbstbezogene Haltung, mag sie noch so sehr »richtig« im Sinne eines Dogmas sein, ist wie dieses von Realitätsverlust begleitet und daher gesetzmäßig zum Verfall verurteilt, wie es auch die Geschichte überinstitutionalisierter Einrichtungen immer wieder demonstriert.

Allerdings gibt es auch besonders häufig eine Dysregulation der Anpassung an die Umwelt, wo innere Konflikte auf der Bühne des Lebens ausgelebt werden. Oftmals werden durch solches Ausleben kreative und revolutionäre Vorgänge vorgetäuscht. Diese Vorgänge, die nach Freud im Dienste des Es stehen und eine Abwehr irrationaler Angst darstellen, sind verständlicherweise die Totengräber jeglichen schöpferischen Tuns. Die Wirklichkeit wird nicht erreicht, weil der Rahmen der infantilen Situation, welche immer wieder durch Agieren reproduziert wird, nicht überschritten werden kann, sondern im Gegenteil versucht wird, die ganze Wirklichkeit in das Zwangssystem dieser infantilen Situation zu pressen. Ich stimme mit vielen meiner Kollegen, besonders in den Vereinigten Staaten, in dem Punkt überein, daß die meisten Patienten heute dazu neigen, ihre psychischen Konflikte unter dem Wiederholungszwang traumhaft in ihrer Umgebung auszuleben, und daß wir heute die Verhaltensweisen unserer Patienten wie Träume analysieren müssen. Meines Erachtens sind für diesen gesellschaftlichen Prozeß Veränderungen in unserer Kultur verantwortlich zu machen, die dazu führen, daß andere Abwehrmechanismen gegen die Angst eingesetzt werden. Auf diesen hochinteressanten Vorgang möchte ich am Schluß meiner Ausführungen im Zusammenhang mit der Gruppenpsychotherapie noch einmal zu sprechen kommen.

Es ist mir bekannt, daß heute immer wieder von wenig informierten Kreisen der Psychoanalyse der Vorwurf gemacht wird, daß sie es als ihre Aufgabe ansähe, den Menschen zu einem angepaßten Herdentier zu machen. Ich hoffe, daß meine Ausführungen diesem Argument den Boden entzogen haben, und zwar nicht vom gut deutschen Standpunkt psychotherapeutischer Schreibtischmeinungen her, sondern aus der Sicht psychoanalytischer Technik und Theorie. Es sei erwähnt, daß weder Freud noch die Gruppe der psychoanalytischen Pioniere sozialautomatisch angepaßte Persönlichkeiten waren. Ich weiß nicht, ob es Ihnen bekannt ist, daß Freud über lange Zeit hinweg isoliert, verteufelt und verfemt war, seine beruflichen Fachgesellschaften verlassen hatte und über etwa ein Jahrzehnt hinweg seine Vorträge vor Laien hielt, nämlich vor den Brüdern seiner B'nai Brith Loge. Abgesehen von diesen persönlichen Zügen ist es eine Tatsache, daß die Psychoanalyse wie auch die mit ihr verwandte dynamische Psychiatrie hinsichtlich ihrer Position als Wissenschaft dadurch gekennzeichnet sind, daß sie Veränderungen forderten bzw. völlig neue Denkmodelle vertreten und durch ihre Kritik die Gesellschaft in Angst und Abwehr versetzen. Ich denke an Freuds kopernikanische Entdeckung der Dynamik des Unbewußten und an die revolutionäre Tat der dynamischen Psychiatrie, auch auf die sogenannten Geisteskrankheiten die Erkenntnisse der Psychoanalyse anzuwenden und damit jahrhundertealte Vorurteile gegen diese Kranken beiseite zu räumen.

Es muß gesagt werden, daß der Aufbau der Psychoanalyse sowie der zur Zeit gerade begonnene Aufbau einer dynamischen Psychiatrie in Berlin gesellschaftlich verändernde Wirksamkeit gehabt hat und weiter hat. Der verändernde Einfluß der Psychoanalyse auf alle Lebensäußerungen innerhalb unserer Kultur ist nicht mehr wegzudenken. Die Aufhebung kultureller Tabus mag einer der Gründe dafür sein, daß wir nicht mehr die gleichen Patienten antreffen, wie sie Freud im viktorianischen Zeitalter behandelt und beschrieben hat. Was die dynamische Psychiatrie anbetrifft, so fordert diese aus der Struktur ihrer Wissenschaft und ihrer Methodik heraus eine weitgehende Reform gesellschaftlicher Verhaltensweisen und Institutionen, um den Leidenden mit schizophrenen und psychotischen Reaktionen sowie sogenannten Borderline-Problemen wirksam helfen zu können. Die dynamische Psychiatrie hat ja die herkömmliche diagnostische Klassifizierung und Einordnung der Patienten, die unter anderem auch der emotionellen Distanzierung vom Patienten diente, abgeschafft. Sie vertritt vielmehr die Ansicht, daß sich psychisches wie psychosomatisches und psychosoziales Krankheitsgeschehen diagnostisch gesehen auf einem gleitenden Spektrum bewegt von der leichtesten neurotischen Reaktion bis zur schwersten eingefahrenen zwangsneurotischen oder schizophrenen Reaktion. Aus dieser veränderten Sicht ergeben sich weitreichende theoretische und praktische Konsequenzen. Dringend notwendig ist daher eine Reform der Ausbildung, der Forschung, des Krankenhauswesens sowie die Einrichtung von Community-Zentren für die geistig-seelisch Kranken. Die Einstellung gegenüber den Geisteskranken muß von einer Verwahrungshaltung zu einer Haltung des Verständnisses und des therapeutischen Optimismus umgewandelt werden.

Eine moderne dynamische Psychiatrie ist nicht nur eine behandlungstechnische Disziplin, sondern hat auch für den gesunden, konfliktfreien Menschen und seine Familie eine Aufgabe zu leisten; sie soll vorbeugend, beratend und verändernd auf die Gesellschaft als Ganzes einwirken.

Eine der vordringlichsten Aufgaben der dynamischen Psychiatrie in Deutschland ist z. Z. die Ausbildung geeigneten Nachwuchses wie auch die laufende, klinisch verstehende Bemühung um die »Insassen« unserer Heil- und Pflegeanstalten, die noch weitgehend nach mittelalterlichen Prinzipien strukturiert sind. Unter mittelalterlich verstehe ich eine Haltung gegenüber der seelisch-geistigen Krankheit, die unter einem irrationalen Einfluß steht und mit Bestrafungs- und Verurteilungstendenzen einhergeht. Viele unserer Heil- und Pflegeanstalten machen heute noch den Eindruck von Gefängnissen. Die Einstellung von mehr Ärzten und Pflegepersonal ist ein weiteres Grundproblem der europäischen psychiatrischen Anstalten. Diese Aufgaben können aber niemals nur dadurch gelöst werden, daß moderne Gebäude für unsere »mittelalterlichen« Institutionen gebaut werden. Unter dem Begriff »mittelalterliche Heil- und Pflegeanstalten« verstehe ich psychiatrische Institutionen, deren Gruppenstruktur nach einem hierarchisch-autoritären Modell aufgebaut ist: Die Patienten stehen auf der untersten Stufe des sozialen Systems und werden in der Regel als minderwertige Großgruppe empfunden, die von einer als höherwertig empfundenen Kleingruppe repressiv beherrscht wird. Hinter diesem Hospitalisierungssystem steht die Auffassung, daß die als »endogen geisteskrank« betrachteten Patienten hoffnungslos und unheilbar krank sind, daß sie nicht psychologisch verstanden und behandelt werden können und daß sie, nachdem sie einmal diagnostiziert sind, verwaltet und an die Spielregeln der Institution angepaßt werden müssen. Dies wird dann als die Hauptaufgabe des Personals empfunden. Wir haben hier ein typisches Beispiel für eine falsche, d. h. repressive Anpassung an eine infantilisierende Institution.

Anpassung ist verständlicherweise nichts final Gegebenes, sondern ein prozeßhaftes Geschehen. Wir können heute sagen, daß sich im Hier und Jetzt unserer gesellschaftlichen Situation eine ganz neue Anpassungsproblematik ergeben hat. Offensichtlich bezieht sich heute Anpassung im gefürchteten passiven Sinn nicht mehr auf den autoritären Vater oder seine gesellschaftliche Repräsentation. Vielmehr handelt es sich dabei um eine Anpassungsangst vor einer archaischen, besitzergreifenden und besitzhaltenden Mutter, die gesellschaftlich gesehen ihre Repräsentanz in unseren diffusen, unübersehbaren, wohlstandstragenden Organisationsformen gefunden hat.

Nach meiner Erfahrung spiegelt sich dieser Vorgang wider in der dominierenden Abwehrform unserer jungen Patienten, deren Problem ein Mutterproblem ist, ein vorödipales Problem auf der Ebene des ungelösten Symbiosekomplexes. Unsere jungen Patienten sehnen sich einerseits nach der Symbiose mit der Mutter, nach einem orgiastisch-dionysischen Zusammensein mit ihr, aber gleichzeitig erstreben sie die Befreiung von dieser mütterlichen Umklammerung, von einer Umklammerung, die sie in der Gesellschaft wiedererleben. Die Angst vor der Psychotherapie spiegelt bei diesen Kranken nicht Angst vor autoritärer

Abhängigkeit wider, als vielmehr die Angst vor dem Aufgehen in der andererseits so sehr ersehnten Symbiose.

Am Rande sei erwähnt, daß es sich hier oft um plötzlich einsetzende Übertragungsprozesse handelt, wobei diese Patienten es schwer haben, zu verstehen, daß das, was sie fürchten, nämlich das Wiedererleben in der Übertragung, das Vehikel jeder psychoanalytischen Therapie ist. Erst wenn die Abhängigkeitskonflikte in die therapeutische Situation übertragen und dort wiedererlebt werden können, wird es möglich sein, den Patienten mit Hilfe von Erinnerungsprozessen, Interpretationen und Konfrontationen davon zu emanzipieren. Eine wilde Psychotherapie muß naturgemäß Abhängigkeitskonflikte ungelöst lassen, da in ihr Übertragungsprozesse nicht erkannt und nicht durchgearbeitet werden können.

Gestatten Sie mir nun, zum Thema Gruppenpsychotherapie zu kommen. Ich habe bisher vorwiegend über Psychoanalyse gesprochen, und man könnte meinen, daß ich Psychoanalyse und Gruppenpsychotherapie als gegensätzliche Themen auffasse. Das wäre ein arges Mißverständnis und ein Vorurteil, welches allerdings für die deutsche Situation von gestern typisch ist. Gruppenpsychotherapie, wie ich sie verstehe, steht auf dem Boden der Psychoanalyse als ihrer Grundlagenwissenschaft und bedient sich nur einer von der klassischen Standardmethode verschiedenen Technik, und zwar auf Grund einer differierenden Indikationsstellung. Selbstverständlich können Sie von keinem Arzt erwarten, daß er alle Patienten mit dem gleichen Medikament oder der gleichen chirurgischen Technik behandelt, ganz gleich unter welcher Krankheit sie leiden. Dem breiten Spektrum geistig-seelischer Erkrankungen ist ein entsprechendes Spektrum therapeutischer Maßnahmen zuzuordnen. David Rapaport, einer der bedeutendsten Forscher auf dem Gebiet der analytischen Ich-Psychologie, sagte einmal, daß die Behandlungsmethode sich nach dem Patienten richten müsse und nicht umgekehrt der Patient nach der Behandlungsmethode. Wir wollen hiermit noch einmal deutlich machen, daß man grundsätzlich zwischen den einzelnen Anwendungsformen und Leistungen der Psychoanalyse differenzieren muß. Auf Grund des klinischen Befundes muß man eine Indikation stellen und die geeignete Therapieform wählen. Das therapeutische Programm der dynamischen Psychiatrie umfaßt:

a) psychoanalytisch orientierte Milieupsychotherapie
b) Gruppenpsychotherapie
c) individuelle Psychotherapie mit zeitlich festgesetzten und regelmäßigen Behandlungsstunden
d) die klassische Methode der Psychoanalyse und
e) eine Kombination der verschiedenen Methoden (besonders bei fortschreitendem Behandlungsprozeß).

Die relativ ich-starken Patienten sind den regressiven Prozessen der klassischen Analyse gewachsen, und ihr Kernproblem ist der unbewältigte Ödipuskomplex. Die psychoanalytische Gruppenpsychotherapie hingegen ist eine Behandlungsmethode für schwerer ich-gestörte Patienten, d. h. für Menschen, deren Störungen früh, vor der ödipalen Situation im Zusammenleben mit der Mutter stattgefunden haben. Die Gruppenpsychotherapie erfüllt die gleichen Aufgaben wie die Psychoanalyse, nur daß es sich hier um eine andere Technik und um andere Patienten handelt. In der gruppenpsychotherapeutischen Situation erlebt der Patient seine Kernkonflikte wieder und wird sich ihrer durch die Wiederholung und durch die spiegelnde Reaktion seiner Mitpatienten und durch die Interpretation des Therapeuten bewußt. Im Hier und Jetzt der gruppenpsychotherapeutischen Situation sind psychische Konflikte geradezu mit den Händen zu greifen und geben somit der psychotherapeutischen Forschung einen einzigartigen Zugang. Eine psychoanalytische Gruppentherapie wird natürlich mit Übertragung und Widerstand arbeiten. Be-

Berichtigung

Die beiden nachstehenden Abbildungen gehören auf die Seiten 32 und 33.
Durch ein technisches Versehen sind sie im Buch nicht enthalten.

Zu Seite 32:

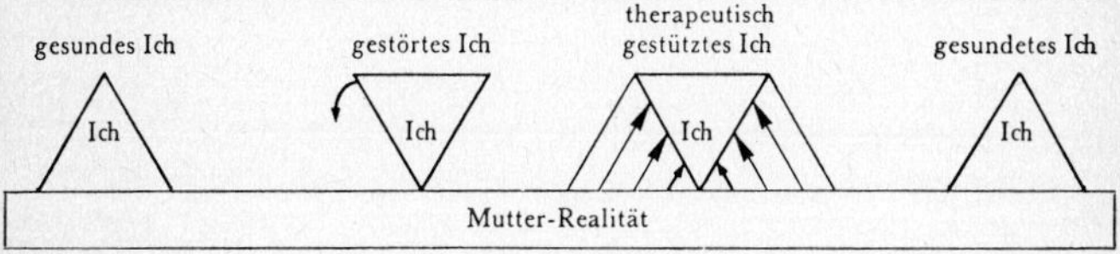

Der Ich-psychologische Aspekt der Milieupsychotherapie bei schwerstgestörter Ichfunktion.

Vgl. auch *Ammon* 1959.

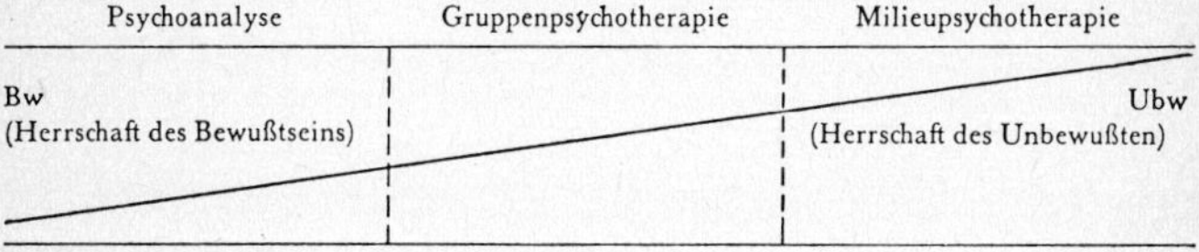

Vgl. auch *Ammon* 1959.

Zu Seite 33:

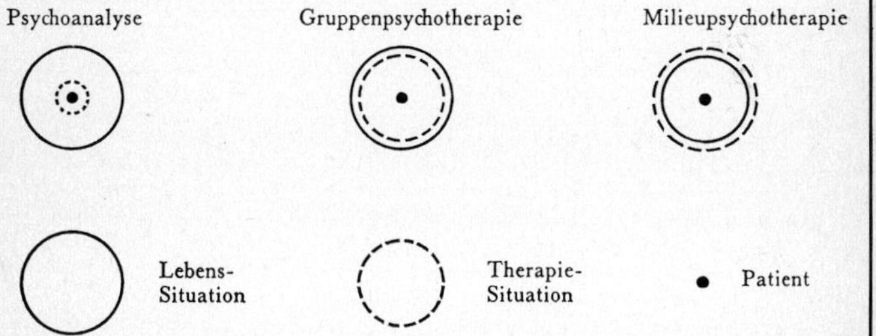

kanntlich hat Freud das Arbeiten mit Übertragung und Widerstand als Wesensmerkmal der Psychoanalyse bezeichnet. Die Gruppenpsychotherapie bietet nun eine Art Modellgesellschaft, welche eine therapeutische Aufgabe hat und in die hinein der psychisch Leidende sich entwerfen kann wie sonst in seine anderen Lebenssituationen, die jedoch unter keiner therapeutischen Kontrolle stehen, wie z. B. Familie, Schule, Universität und Beruf. Die Gruppenpsychotherapie ist ein Medium, welches das Ausleben der Krankheit zu einem therapeutischen Vehikel umfunktioniert, indem sie dieses Ausleben in die therapeutische Situation verpflanzt.

Von der Psychoanalyse über die Gruppenpsychotherapie bis zur Milieupsychotherapie erweitert sich, bei jeweils schwächerer Ich-Stärke des Patienten, die therapeutische Situation, bis sie schließlich bei der Milieupsychotherapie mit der Lebenssituation zusammenfällt. Die Gruppenpsychotherapie und noch stärker die Milieupsychotherapie fangen also die psychischen Konflikte, die der Patient auf die relativ künstliche Situation der Einzelanalyse nicht würde beschränken können, in der erweiterten therapeutischen Situation auf und führen sie der direkten und sofortigen therapeutischen Bearbeitung zu. Wir haben dies bei unseren Gruppenpsychotherapien wie auch bei unseren in Verbindung mit Gruppenpsychotherapie durchgeführten milieutherapeutischen Projekten in Stelzerreut und Paestum zeigen können.

Die naturgesetzmäßig eintretenden und vom Therapeuten zu beobachtenden vielfältigen Übertragungs- und Gegenübertragungsvorgänge in einer Therapiegruppe können nicht nur zu einem wirksamen Therapeutikum werden, sondern dienen auch einer Aufsplitterung dieses Übertragungsprozesses, wodurch erst die Therapie von sogenannten ich-schwachen Patienten ermöglicht wird, welche mit der Standardmethode nicht zu behandeln sind. Die Namen von Foulkes und Anthony (1957) sind mit der theoretischen Bearbeitung dieses Aspektes der Gruppenpsychotherapie für immer verbunden. W. Schindler (1957) war es, der als erster auf die Beobachtung hinwies, daß seine Patienten im allgemeinen die Gruppe als Ganzes, als Mutter erlebten. Inzwischen ist diese Beobachtung weitgehend Erfahrungsgut der Gruppentherapie geworden. Dies ist eine bedeutsame Feststellung, da es sich besonders nach meiner eigenen Erfahrung immer wieder gezeigt hat, daß archaische Konflikte mit der frühen Mutter und die damit verknüpfte destruktive Aggression und Angst in der Gruppe bewältigt werden können. Die Gruppe ermöglicht erst diese archaischen Mutter-Übertragungsphänomene, indem sie eine Schutzfunktion ausübt, welche das Hervortreten und Durcharbeiten von Aggression und Angst erlaubt, welche eine einzeltherapeutische Situation zerstört hätten. Im Gruppenprozeß übernimmt jeweils das psychogenetisch prädestinierte Gruppenmitglied seine geeignete Rolle, z. B. reagiert der am meisten psychosenahe Patient psychotisch, wenn die gesamte Gruppe große Angst leidet. In diesem Augenblick wird er zum Träger der Angst in der Gruppe. Er verhält sich in bezug auf die homöostatische Balance der Gruppe ähnlich wie in einer neurotischen Familie, wo das schwächste Glied in die Rolle des Krankheitsträgers gedrängt wird.

Für den Erfolg der Therapie, sei es Einzel- oder Gruppenpsychotherapie, ist es von großer Wichtigkeit, daß dem Patienten die Äußerung seiner Aggression ermöglicht wird. Erst wenn er seine Aggression äußern darf, sei es im Sinne der Destruktion oder aber auch des konstruktiven ad gredi, kann die Therapie erfolgreich verlaufen. Im therapeutischen Prozeß sind der Ausbruch und das Verbalisieren von Aggression oft der Wendepunkt. Bei schwerstkranken Patienten ist Gruppenpsychotherapie oft die einzig mögliche Indikation, da allein die Gruppe infolge ihrer Schutzfunktion die Aggression auffangen kann, die therapeutische Situation durch die hervortretende Aggression also nicht gesprengt wird.

Verständlicherweise spiegelt die Psychotherapiegruppe für jedes einzelne Mitglied seine Primärgruppe, die Familie, wider. Die Gruppenpsychotherapie gibt ihm die Gelegenheit, seine Konflikte und Schwierigkeiten im »Hier und Jetzt« der Gruppendynamik wiederzuerleben und zu korrigieren. Die Gruppe bietet eine einzigartige Möglichkeit für die Forschung. Eingeladene Gäste und Beobachter können in einer Psychotherapiegruppe, im Gegensatz zur Einzeltherapie, alle auftretenden Gruppenphänomene, z. B. auch destruktive Aggression und ihre Dynamik, wie in einem Reagenzglas beobachten. Destruktive Aggression innerhalb einer Psychotherapiegruppe ist psychodynamisch einerseits aus der Gruppengeschichte und andererseits aus der Lebensgeschichte jedes einzelnen Teilnehmers ableitbar. Der Therapeut wird durch seine Führung verhüten, daß destruktive Aggression die Gruppe sprengt. Die Gruppenaggression richtet sich dann gegen den Therapeuten; die Gruppe wird dadurch vereinigt und kann als Gruppe weiterfunktionieren.

Beim Studium der antiken Ödipuslegende werden uns außer der von Freud bearbeiteten unbewußten Vatertötung noch andere Momente auffallen: nämlich, daß Ödipus als kleines Kind von der eigenen Mutter dem Tode überlassen wurde. Er wurde von einem Fremden gerettet. Der eigene Vater hatte aus Angst vor dem Orakel, welches ihm verkündete, daß er durch seinen Sohn getötet würde, die Aussetzung des kleinen Kindes verfügt. Die Mutter hatte zugestimmt. Das Ödipus-Drama weist also darauf hin, daß am Anfang die Mutter ihr eigenes Kind aufgab und der Vater im Sinne eines Laios-Komplexes den gefürchteten Sohn beiseiteschaffen wollte. Die psychoanalytische Forschung hat gerade erst begonnen, sich diesen wichtigen Momenten, die wir immer wieder bei schwerer kranken Patienten antreffen, zuzuwenden. Den Fremden, der Ödipus rettete, könnte man mit dem Therapeuten gleichsetzen.

Hinsichtlich der Probleme von Anpassung und Emanzipation ist hinzuzufügen, daß der psychisch gesunde Mensch sich keineswegs einer Anpassung an den Laios-Komplex seiner Umwelt unterziehen muß, sondern gerade er wird daran mitarbeiten können, seine Umgebung davon zu emanzipieren und dem partiell gelähmten gesellschaftlichen Bewußtsein zu einem Durchbruch nach vorn im Sinne von Ernst Bloch (1967) zu verhelfen. Ziel der therapeutischen Bemühung ist es, den Patienten vom Zwang, die unbewußte psychische Konfliktsituation immer wieder zu reproduzieren, zu befreien. Der durch psychische Konflikte nicht eingeengte Mensch versteht es als sein selbstverständliches Recht, sich und sein Leben zu verwirklichen, wie es seinen

Talenten und seinen Entscheidungen entspricht. Der unter den Schuldgefühlen einer Identifikation mit dem Aggressor Leidende – wie Anna Freud (1936) es herausgearbeitet hat – wird allerdings von diesem Recht nicht voll überzeugt sein, sondern meinen, er müsse es sich in einer Protesthaltung ertrotzen.

Kehren wir noch einmal zur »Mutter Gruppe« zurück. Ich habe immer wieder beobachtet, daß insbesondere die jungen Patienten unserer Zeit psychische Schwierigkeiten mit einer vorwiegend archaischen, mehr borderlinehaften Syndromatik aufweisen, d. h. zwischen sogenannten Neurosen und Psychosen liegende Krankheitsbilder, deren Wurzeln nicht im Ödipuskomplex, sondern in präödipalen Störungen der Mutterbeziehung während der symbiotischen Phase liegen. Gleichzeitig war es auffällig, daß diese jungen Patienten sich vorwiegend für die Gruppenpsychotherapie entschieden, die ja auch bei ihnen indiziert und wirksam ist. Soll man nun annehmen, daß die jüngere Generation im allgemeinen schwerer krank sei als die ältere? Beim Nachdenken über diese Frage machte sich bei mir mehr und mehr der Gedanke breit, daß es sich hierbei um einen gesellschaftlichen Wandlungsprozeß handelt, in dessen Verlauf die Mutter in wachsendem Maße in den Familienvordergrund tritt. Diese »Mutter Gesellschaft« mit ihrer heutigen entpersonifizierten und unübersichtlichen Wohlstandsatmosphäre mag frustrierend und angsterregend sein wie die archaisch herrschende Mutter, die das Kind während der natürlichen Symbiose entweder emotionell nicht als Person mit eigenem Recht freigeben kann – also eine Emanzipation gleichsam als Muttermord versteht und verfolgt –, oder aber mit einem solchen Desinteresse dem Kind gegenübersteht, daß sie es hilflos einer Überemanzipation im Sinne von Bindungslosigkeit und Bindungsunfähigkeit überläßt. Ich habe an anderer Stelle diesen Sachverhalt als Symbiose-Komplex bezeichnet. Anscheinend beginnt unsere Kultur sich neuer Abwehrmechanismen zu bedienen. Dabei wird die Gruppenpsychotherapie eine wichtige Funktion in der Zukunft auszuüben haben.

Nur wer selbst dem eigenen Ich gegenüber angepaßt ist im Sinne des Anerkennens der eigenen Ich-Identität und des Selbstwertes, nur der wird sich auch abgrenzen können gegen ein anderes Ich und wird die andere Persönlichkeit als anders und im eigenen Recht respektieren und heil lassen können und frei sein von einem symbiotischen Sog und von der unbewußten Erwartung und Forderung, daß der andere ganz seinen Wünschen zu entsprechen habe und, psychoanalytisch gesehen, eine Art Erweiterung seines eigenen Ichs sei. Ein konstruktiver Dialog ist erst dann möglich, wenn man den anderen, wie ich hinzufügen möchte, insbesondere den Schwächeren, anerkennt und heil läßt.

III. Abrupter Durchbruch destruktiver Aggression als psychiatrisches Problem

Das Problem, über das hier referiert werden soll, ist gutachterlicherseits bekannt. Es soll versucht werden, Anhaltspunkte aufzuweisen, die den abrupten Durchbruch destruktiver Aggression im Rahmen eines psychiatrischen Syndroms verstehbar und behandelbar erscheinen lassen. Das rechtzeitige diagnostische Erkennen derartiger gefährdeter und gefährlicher Persönlichkeiten ist von großer Wichtigkeit. Vorbeugend können dadurch Morde verhindert werden.

Die psychiatrische und die strafrechtliche Beurteilung eines sozusagen gesunden Mörders, der auf Grund rationaler Motive handelt, bereitet ebensowenig Schwierigkeiten wie die Beurteilung eines psychotischen Täters, bei dem zum Beispiel Wahnvorstellungen oder Halluzinationen zu beobachten sind. Anders verhält es sich bei Mördern und potentiellen Mördern, die einen geordneten und scheinbar normalen Eindruck machen, deren Tötungs- und Aggressionsakte jedoch bizarr und zunächst unverständlich sind.

Ich möchte Ihnen zwei Mordfälle vorstellen, welche in der Menninger-Klinik in Topeka, USA, begutachtet wurden, wo ich selbst längere Zeit gearbeitet habe und zwei repräsentative Fallvignetten von Ich-Kontrollverlust aus meiner zwanzigjährigen Erfahrung (Ammon 1965 a, 1965 b und 1969). Beide Mörder, die von einem Team unter Karl Menninger (1954a, 1954b, 1956, 1960, 1963, 1968) begutachtet wurden, waren vorher von anderen Psychiatern für gesund und zurechnungsfähig erklärt worden. Angehörige oder der Anwalt hatten eine weitere psychiatrische Untersuchung beantragt, weil ihnen die Tat angesichts der bisher bekannten Persönlichkeit unverständlich erschien. Trotz rechtzeitiger Erstellung des Gegengutachtens waren beide Mörder bereits hingerichtet, als ich sie im Rahmen eines von mir eingeleiteten Forschungsprojekts (Ammon 1965 a) im Gefängnis aufsuchen wollte.

Hier sollen zwei verschiedene Gruppen von Ich-Kontrollverlust abgehandelt werden:

1. Fälle, bei denen das Opfer dem Täter unbekannt war, oder keine nennenswerte Beziehung zu ihm hatte, bei denen die sorgfältige Examination sowohl der aktuellen Lebenssituation des Täters zur Zeit der Tat als auch seiner Lebensgeschichte jedoch ergab, daß die unbekannten Opfer für den Täter ein auslösendes Moment darstellten.

2. Fälle, bei denen das Kontrollversagen gegen eine nahe Beziehungsperson eintrat, nach einer langen ambivalenten interpersonalen Beziehung.

Im ersten Fall handelte es sich um einen 31 Jahre alten Sanitätsunteroffizier, welcher ein Krankenhaus leitete. Er hatte, als er zufällig mit der neun Jahre alten Tochter eines seiner Vorgesetzten sprach, das Kind plötzlich ergriffen, es gewürgt und so lange unter Wasser gehalten, bis es tot war. Später konnte er sich an den Anfang seiner Tat nicht mehr erinnern. Er gab an, er habe plötzlich entdeckt, wie er selbst sein Opfer unter Wasser hielt.

Im zweiten Fall handelte es sich um einen 24 Jahre alten Soldaten. Er hatte in einer Stadt in Frankreich nach einer Prostituierten Ausschau gehalten. Dabei sprach ihn ein 13 Jahre alter Junge an, welcher ihn nachdrücklich bat, ihm Militärgeld in französische Währung zu wechseln. Der Soldat lehnte ab und hatte danach den Eindruck, daß der Junge sich über ihn lustig mache. Da schlug er ihn nieder. Später bestand der Soldat darauf, daß er nicht die Absicht gehabt habe, den Jungen zu töten und daß er sich nicht an den Vorgang erinnern könne.

Den eben beschriebenen Mordfällen, bei denen die Motivierung als latent anzusehen ist, möchte ich aus meinen Erfahrungen zwei repräsentative Fälle entgegenstellen, bei denen die Motivation der auf eine andere Person gerichteten Aggression manifest und verstehbar ist. Beide Personen erlebten in ihrer Familienbeziehung frühkindliche Traumen wieder. Nach einer Kette von Versagungssituationen zerbrach die Ich-Kontrolle, und die angestaute Aggression entlud sich.

Ein 25jähriger Millionärssohn telefonierte längere Zeit mit einem Freund; die Schwester (21 Jahre alt), die schon längere Zeit auf das Telefon wartete, kam erneut ins Zimmer und setzte sich auf ein Sofa. Plötzlich sprang der Telefonierende auf, ergriff einen Feuerhaken und schlug auf die wartende Schwester ein. Der plötzlich heimkehrende Vater verhinderte einen möglichen

Mord. Die Schwester mußte bewußtlos, mit Knochenbrüchen, Kopfplatzwunden und Gehirnerschütterung ins Krankenhaus gebracht werden. Der Vater, ein Kriegshirnverletzter, litt an plötzlichen Wutanfällen, in denen er seine beiden Kinder mißhandelte. Kleiderbügel, Besenstiele, Handfeger, was ihm in die Finger kam, wurde auf den Kindern zerschlagen. Die Mutter griff nicht ein; wenn sie den Vater später zur Rede stellte, pflegte dieser lachend alles abzuwehren. Ein Außenstehender wäre von seiner Unschuld überzeugt gewesen. Die kränkliche Schwester, die von beiden Eltern bevorzugt wurde, war der Grund einer frühen Eifersucht des Bruders. Versuche, sich an der Schwester zu rächen, wurden von den Eltern schwer bestraft. Die Schwester hänselte den Bruder oft wegen seiner Schwäche.

Im letzten Fall handelt es sich um einen 35jährigen Mann, Oberregierungsrat, der seiner Ehefrau gegenüber Wutanfälle bekam, in denen er ihr das Gesicht zerkratzte und sie würgte. Anschließend hatte er ein Fremdheitsgefühl und fühlte sich für diese Anfälle nicht verantwortlich. Er war als voreheliches Kind einer Tochter aus gesellschaftlich angesehener Familie geboren, seine Mutter heiratete später einen anderen Mann. Sie betrachtete ihren Sohn als lästig, hatte kaum Zeit und Zuwendung für ihn übrig, in Wutanfällen zerkratzte sie ihm schon als Säugling das Gesicht.

Die beiden erstgenannten Mörder kannten ihre Opfer kaum. Die Art der Tötung war zufällig und improvisiert. Es wurde keine gebräuchliche Waffe benutzt, sondern die Tötung erfolgte mit den bloßen Händen oder mit einem gerade vorhandenen Gegenstand. Die Tötung war unnötig, grausam und bizarr. Nach ausführlichen Untersuchungen (10–12 klinische Interviews, 5–6 Stunden psychologische Tests neben körperlicher und neurologischer Untersuchung einschließlich EEG) ergaben sich keine Anhaltspunkte für organische Hirnschädigung. Alkohol- und Drogeneinwirkungen konnten bei allen Fällen ausgeschlossen werden. Bei den Mördern fand sich eine lange, manchmal lebenslange Geschichte von immer wiederkehrenden Kontrollverlusten mit entsprechenden Aggressionshandlungen. Beide waren schon öfter in handgreifliche Auseinandersetzungen verwickelt, die zu Tötungshandlungen geführt hätten, wenn man sie nicht daran gehindert hätte. Trotz ihrer Gewalttätigkeit fühlten sie sich schwach und körperlich unterlegen, sie glaubten, daß man sie für Muttersöhnchen und Feiglinge hielt. Beide waren sexuell schwer gehemmt, erwachsene Frauen waren für sie bedrohliche Wesen.

In allen vier Fällen ergaben sich folgende gemeinsame Untersuchungsbefunde: In ihrer Kindheit hatten sie extreme Gewalttätigkeit von seiten der Eltern erlebt. Einer berichtete: »Ich wurde beim kleinsten Vergehen mit der Peitsche geschlagen.« Der Vater schlug ihn blutig und brach ihm die Rippen. Einem anderen sollte durch Schlagen sein Stottern und sein »schlimmes Benehmen« ausgetrieben werden.

Alle hatten in der frühen Kindheit schwere Entbehrungen im emotionellen Bereich erlebt. Entweder war das Familienleben chaotisch, oder die Eltern waren häufig auf Reisen, das Kind wurde Dienstboten überlassen, häufig wurde es von den Eltern offen abgelehnt.

Bei der klinischen Untersuchung war am auffälligsten die Störung der Impulskontrolle. Es war eine unstete, sprunghafte Impulsivität zu beobachten. Dem entsprach auch das Ergebnis der psychologischen Tests. Alle Funktionen wickelten sich nach dem »Alles-oder-Nichts«-Gesetz ab. Die Hemmung einer Handlung erforderte große Beträge psychischer Energie und ließ Flexibilität vermissen. Wenn die Kontrolle nachließ, wurden sie fast vollständig von Affekten und krankhaften Phantasien überschwemmt und neigten zu unreflektierten Soforthandlungen. Die Testergebnisse wiesen einheitlich darauf hin, daß infolge einer schweren Ich-Störung die Impulse unmittelbar zu einer Handlung führten und nur mit Mühe in Denk- oder Verbalisierungsprozesse umgeleitet werden konnten.

In den Projektionstests kamen bizarre, gewalttätige und primitive Phantasien zum Vorschein, ebenso wie in den Träumen, in denen sie töteten, verletzten, in Brand setzten und zerstörten. Diese destruktive Aggression fand wenig Ausdruck in bewußten Vorstellungen, sondern war weitgehend unbewußt. Die Grenzen zwischen Phantasie und Wirklichkeit waren verschwommen. Vorübergehend traten Depersonalisationsgefühle auf. Außerdem war eine Störung der Affektentwicklung offensichtlich. Wut und Ärger wurden durchaus nicht in Verknüpfung mit den aggressiven Handlungen erlebt. Keiner der Mörder berichtete von entsprechenden Gefühlen während der Tat. Sie erlebten Zorn überhaupt nicht deutlich, obwohl sie brutaler Aggressionshandlungen fähig waren. Ihre Affekt- und Angsttoleranz war extrem gering. Bekanntlich ist der Affekt ein Impulsabkömmling und kommt durch die aufschiebende und kontrollierende Tätigkeit des Ichs zustande. Diese Mechanismen waren hier nicht in der Lage, die Impulse einzudämmen und in geeigneter Weise abzuführen, was Voraussetzung ist für das abgestufte Erleben des jeweils wechselnden Affektes.

Ihre Beziehungen zu anderen Menschen waren flach und kühl. Sie fühlten sich einsam und isoliert. In den frühen Erinnerungen und im Testmaterial erschien das Bild einer idealisierten, alles spendenden Mutter, aber immer verbunden mit der Vorstellung des Im-Stichgelassen- oder Abgelehnt-werdens, wodurch ihnen die Welt öde und leer erschien. Die beiden zum Tode Verurteilten zeigten angesichts ihres eigenen Schicksals und des Schicksals ihrer Opfer keine nennenswerten Gefühlsregungen. Schuldgefühle oder Depressionen fehlten.

Die psychiatrische Untersuchung sowie die psychologischen Tests ergaben bei der zweiten Gruppe starken Affekt während der Tat mit einem Gefühl der Befreiung von depressiver Verstimmung. Die Tests ergaben im Rorschachtest weniger archaische Befunde.

Ich möchte noch einmal auf die Bedeutung der unbewußten Motivation zu sprechen kommen. Die beschriebenen Personen neigten zu Aggressionshandlungen, entweder weil sie ein Übermaß an aggressiver Energie mit sich trugen oder weil sie ein labiles Abwehrsystem hatten, welches in periodischen Abständen archaische Aggression zum Vorschein kommen läßt. Das mörderische Potential wird aktiviert, wenn das zukünftige Opfer unbewußt als Schlüsselfigur in einem früheren traumatischen Erlebniszusammenhang erlebt wird. Das Verhalten oder nur die bloße Anwesenheit dieser Person versetzt dem labilen Gleichgewicht der Kräfte einen Stoß, so daß es zu einer plötzlichen Entladung extrem starker destruktiver Aggression kommt.

Allen diskutierten Fällen ist gemeinsam, daß es sich um Persönlichkeiten handelte, die im täglichen Leben »normal« wirkten, die jedoch bei einem jeweils spezifischen Anlaß unvorhergesehen psychotisch und destruktiv reagierten.

Aufgrund von langjährigen Psychoanalysen von ähnlichen Fällen konnte immer wieder festgestellt werden, daß die Genese dieses Ich-Kontrollverlustes in einer Störung der frühen Mutter-Kind-Beziehung ihre Ursache hat. Darüber hinaus ist für die Fehlentwicklung der Kontroll- und Steuerungsinstanz der Persönlichkeit die destruktive elterliche Aggression verantwortlich zu machen, die weit über das übliche Erziehungsverhalten autoritärer Eltern hinausging. Klinische Erfahrungen mit dieser Patientengruppe geben keinen Anhaltspunkt für einen sogenannten Destruktionstrieb.

Unser besonderes Anliegen soll wie folgt zusammengefaßt werden:

Abrupter Durchbruch destruktiver Aggression wird verstanden als ein spezielles psychiatrisches Syndrom psychodynamisch reaktiver Art, das sich vornehmlich durch kurze psychotische Episoden auszeichnet, nach deren Ablauf die Persönlichkeit wieder normal erscheint.

Für die präventive Psychiatrie ist dieses Problem von großer Bedeutung.

1) Personen mit dieser spezifischen Dynamik müssen von anderen Mördern unterschieden werden, auch von Personen mit ähnlichen Störungen, die aber nicht töten.

2) Die Bedeutung der beschriebenen individuellen Faktoren ist abzuwägen.

3) Es müssen Methoden gefunden werden, vermittels derer Personen mit dieser Problematik rechtzeitig erkannt und wirksam kontrolliert werden können, bevor sie destruktive Handlungen begehen.

Bei Gegenüberstellung der beiden abgehandelten Gruppen erhebt sich die Frage, die für die Forschung von besonderem Interesse sein könnte: Wie ist es zu verstehen, daß es bei den Tätern mit latenter Motivation zur Tötung kam, während es bei der weit größeren Gruppe mit manifester Motivation zu keinem Mord kam bzw. kommt?

Zum Schluß möchte ich die Arbeitshypothese aufstellen, daß es sich bei der latent bleibenden Motivation um primitivere Persönlichkeitsstrukturen handelte, die in ihrem psychotischen Zustand anders reagieren als die Persönlichkeiten mit manifester Motivation und offensichtlich verstehbarer Familiendynamik.

Zusammenfassung:

»Als ob normale« Personen, bzw. solche mit unterschwelligem psychotischen Potential entladen bei jeweils spezifischem Anlaß eruptiv destruktive Aggression. Dies liegt an einer psychogenetisch bedingten Schwäche der Steuerungskraft (Ich-Stärke) dieser Persönlichkeiten. Der Grund für die mangelhafte Steuerung wird in der sehr früh gestörten Mutter-Kind-Beziehung gesehen. Menschliche Destruktion wird nicht im Sinne eines Destruktionstriebes verstanden.

IV. Herrschaft und Aggression: Zur Psychoanalyse der Aggression

Herrschaft und Aggression sind offensichtlich miteinander verflochten. Es mag uns daher nicht überraschen, daß Äußerungen menschlicher Destruktion zunehmen in einer Situation, die bestimmt wird durch gesellschaftliche Veränderungen, welche die hergebrachten Autoritätsvorstellungen in eine Krise gestürzt haben und denen kein sozialer Bereich entzogen bleibt. Die zunehmende Destruktivität zeigt dabei nicht nur die Krise des bisherigen Herrschaftssystems an, sie signalisiert zugleich das Bewußtwerden eines Bedürfnisses nach Identität, dessen Realisation im Rahmen der spätkapitalistischen Gesellschaft weitgehend unmöglich geworden ist. Entscheidende Bedeutung für die psychoanalytische Erforschung der gegenwärtigen Situation hat daher die Frage, ob die zunehmende Aggressivität und die destruktiven Aktionen, womit diese Auseinandersetzung geführt wird, zurückgeht auf einen spezifischen Trieb zu Aggression und Zerstörung.

Wenn ich von gesellschaftlichen Veränderungen und der damit verbundenen Identitätskrise spreche, so beziehe ich mich dabei auf meine Beobachtungen an über 500 Westberliner Studenten, die ich im Rahmen der Psychotherapeutischen Beratungsstelle des Asta der Freien Universität Berlin und in meiner Praxis in den vergangenen 4 Jahren beobachten konnte. Dabei stütze ich mich auf meine Beobachtungen im explorierenden und beratenden Einzelinterview ebenso wie auf klassische Psychoanalysen, besonders aber auf die gruppendynamischen Interaktionen der Studenten in 11 Psychotherapiegruppen und 5 größeren milieu- und arbeitstherapeutischen Einsätzen von Studentenpatienten im Bayerischen Wald und in Süditalien.

In der Leichtigkeit, mit welcher diese Studenten miteinander umgehen, in der Selbstverständlichkeit, mit welcher sie sich z. B. duzen, direkt befragen – auch hinsichtlich vormals tabuierter sexueller Probleme –, in ihrem Aufgeben starrer männlicher oder weiblicher Rollen, der Ehrlichkeit ihres Engagements und in ihrer Emanzipation aus emotionellen Abhängigkeitshaltungen gegenüber den Ansprüchen hierarchischer Herrschaft sehe ich Wesenszüge einer neuen, im Aufbau befindlichen Gesellschaft. Diese Generation folgt nicht länger den alten Spielregeln, sie entzieht den autoritären Institutionen und ihren Charakteren die Grundlage, respektiert nicht länger die sentimentalen Vorstellungen von Ehrfurcht, Alter, Titel und Stand, welche den repressiven Rahmen der bürgerlichen Gesellschaft verkleiden. Insbesondere revoltiert diese Generation gegen Herrschaftsstrukturen, innerhalb welcher ökonomisch abhängige Väter die ihnen widerfahrenen Frustrationen ableiten auf ihre Familien. Die Unmenschlichkeit der sozialen Organisation trifft also die Kinder als die erste Minorität am härtesten.

Es kommt mir in dieser Untersuchung menschlicher Aggression und ihrer Dynamik vor allem darauf an, auf die Gefahr hinzuweisen, welche in der Annahme eines menschlichen Destruktionstriebes liegt. So sieht z. B. Mitscherlich (1958, 1965, 1969) Aggression als Verhalten begründet in einem Todes- und Zerstörungstrieb, den Freud selbst als Mythologiebildung bezeichnete. In seiner Konsequenz besagt Mitscherlichs Arbeitskonzept, daß das Kind von Geburt an destruktiv-aggressiv ist und im Prozeß der Enkulturation reglementiert, bzw. gezähmt werden muß. Ich halte eine derartige Einstellung Kindern gegenüber für außerordentlich gefährlich und Neurose bildend. Nicht minder gefährlich ist dieses Konzept in gesellschaftlicher Hinsicht, indem es auch hier dazu dient, repressiven Maßnahmen eine moralische und theoretische Legitimation zu verschaffen (vgl. Ammon, 1968, 1969, 1969c).

Einer wissenschaftlichen Nachprüfung hat die Hypothese eines Aggressionstriebes bisher nicht standhalten können. Die Mehrheit der Psychoanalytiker lehnt die Todestriebtheorie ab, zieht allerdings aus dieser Ablehnung nur selten Konsequenzen (vgl. Fenichel, 1945 u. a.). Paul Schilder (1952) geht davon aus, daß destruktive Tendenzen existieren, daß aber die Existenz eines unabhängigen Destruktionstriebes verneint werden muß. Nach Schilder sind Aktivität und Aggression primär konstruktiv und ein Ausdruck von Interesse an der Umwelt. In neuerer Zeit hat Bellak (1967) seine Unzufriedenheit mit der Freudschen Dualtrieblehre (1920) wie folgt ausgedrückt:

»Psychoanalysis is generally considered to advance a dual theory of drives – sexual (equated with libidinal) and aggressive.

This is another instance of unnecessary semantic confusion, because each drive can be fragmented into many partial drives. This is particularly true of the libido theory; e. g. the wish to see, to exhibit, etc. . . The theory of aggression has been in an even less satisfactory state than the libido theory. Freud came to be concerned with aggression belatedly, and first in terms of his concept for mastery as one aspect of sexual wishes; then later as a part of the concept of ego drives (which had to be abandoued when the id was considered the locus of drives); (what Freud considered the ego drive of self-preservation is really the concept of the ego as the testing aspect of mental functioning), and finally in the concept of the death instinct, which is rejected by the majority of analysts . . .«.

Ekstein (1949) bezieht die Dualtrieblehre auf Freuds Biographie: »Freud's oral cravings, the guilt connected with them, the beginning stages of the fatal illness, his feelings about aging, found their projective expressions in the theory that described the eternal struggle between Thanatos and Eros«, und er zitiert Hitschmann (1941) mit seiner Arbeit: ». . . The History of the aggression impulse, who calls to our attention that Freud's early follower, Alfred Adler, described in 1908 the ›aggression impulse‹, but Freud then denied it as a ›misleading generalization‹. In 1920, he introduced the instinct theory and admitted at the age of 74 that he had erred.«

Der Glasgower Verhaltensforscher Barnett (1968) bezeichnete den Aggressionstrieb als eine Formel, die nichts erklärt und die selbst für das Tierreich eine hypothetische Konstruktion zu sein scheint, welcher nicht einmal heuristischer Wert zukommt. Nach Barnetts Ansicht sind aggressive Verhaltensweisen lediglich unter jeweils klar zu definierenden Bedingungen der Beobachtung zugänglich.

Ich meine, daß wir den spekulativen Todestrieb ablehnen und wieder an Freuds (1917) ursprüngliches Konzept der Sexual- und Ich-Triebe anknüpfen sollten. Dabei sollten wir, basierend auf den Ergebnissen der psychoanalytischen Ich-Forschung aus diesem Konzept nicht das »Ich«, wie Freud es später tat, sondern den »Trieb« streichen. Mein theoretisches Bemühen ist, herauszuarbeiten, daß das Ich der Umwelt gegenüber eine zentrale, funktionale Rolle einnimmt, welche über seine Mittlerrolle in Freuds ursprünglicher Konzeption hinausgeht. Der Freudschen

Ich-Psychologie folgend, begreife ich Aggression als eine Ich-Funktion*, halte es aber für unumgänglich, den Aggressionsbegriff zu differenzieren und von konstruktiver und destruktiver Aggression zu sprechen.

Konstruktive Aggression als Ich-Funktion ist auf konkrete Objekte gerichtet, ist ad gredi im Dienste der Selbstentfaltung. Destruktive Aggression ist aus Konflikt geborene, ursprünglich konstruktive Aggression, welche ihr Objekt verloren, bzw. verdrängt hat. Autonom geworden hat sie sich dem Selbst des Menschen und seiner gesellschaftlichen Umwelt entfremdet. Sie ist, im psychoanalytischen Sprachgebrauch Ich-fremd (ego alien) geworden.

Es mag schwierig sein, den Begriff einer psychischen Energie in meinem Denkmodell von Aggression als einer Ich-Funktion unterzubringen. Hartmann, Kris und Loewenstein (1949) haben in ihrer umfassenden Studie über die psychoanalytische Hypothese der Aggression psychische Energie einem Aggressionstrieb gleichgesetzt, den sie selbst als Spekulation bezeichneten. Eine mögliche Lösung des Problems sehe ich in der Annahme eines unspezifischen Energiereservoirs, welches die Aggression ebenso speist, wie die übrigen Ich-Funktionen. Unsere psychoanalytische Aggressionsforschung hat uns erkennen lassen, daß menschliche Destruktion immer aus Konflikt entstanden ist, daß sie aus der spezifischen Sozio- und Psychodynamik des jeweiligen Konfliktes abgeleitet, daß sie verstanden und behandelt werden kann als eine pathologische Form der konstruktiven Aggression. Die Hypothese eines besonderen Aggressionstriebes dagegen blockiert nach unserer Erfahrung die Erforschung gerade dieser jeweils spezifischen Dynamik.

Die Hypothese der Yale Schule (Dollard et al., 1939), nach welcher Aggression stets auf Frustration zurückzuführen ist, und Frustration immer zu einer Form von Aggression führt, wird von uns abgelehnt nicht nur, weil unbewußte Aspekte unberücksichtigt bleiben, sondern auch wegen der einseitigen Vorstellung von Frustration. Auch die neuere Fassung dieser Hypo-

* Nach English/English (1957) wird Ich-Funktion wie folgt definiert: »Ich-Funktion drückt in der psychoanalytischen Terminologie jede Aktivität des Ichs aus, im Gegensatz zur Aktivität des Es. Die Ich-Funktion ist anpassungsfähig (z. B. bewahrt sie das Selbst und berücksichtigt die Realität), wenn nötig werden die Es-Funktionen unterdrückt, oder das Ich verteidigt.

these (1941) läßt uns aus den gleichen Gründen unbefriedigt. Unsere Aggressionsforschung hat ergeben, daß Menschen, die nie gelernt haben mit Frustration umzugehen, im späteren Leben zu explosionsartiger destruktiver Aggression (Ammon 1969f) neigen, sobald sie auch nur der geringsten Frustration ausgesetzt sind. Ich halte daher das Konzept einer Frustrationsregulation und, bei einer Störung, das einer Frustrationsdysregulation für das z. Z. beste Arbeitsmodell. Frustrationsregulation soll heißen, daß während der frühen Kindheit die freundliche verstehende Hilfe der Eltern dem Kind zu der Erfahrung verhilft, daß Frustration überlebt werden kann, daß Realität nicht prinzipiell Ich-negierend ist, sondern erfahren werden kann als Ich-abgrenzend. Frustration gewinnt diesen konstruktiven Aspekt um so eher, wenn andererseits dem Kinde die Möglichkeit gelassen wird, zu einer Ich-erweiternden und Ich-erfahrenden Aktivität im Sinne des ad gredi zu kommen.

Es soll hier die Genese und die Dynamik menschlicher Destruktion untersucht und nach Möglichkeiten ihrer Verhütung gefragt werden. Die Hypothese vom Destruktionstrieb besagt, auf die Anfänge der menschlichen Entwicklung bezogen, daß Kinder mit destruktiven Strebungen geboren werden. Gisela Ammon (1969) konnte im psychoanalytischen Kindergarten des Lehr- und Forschungsinstituts für Dynamische Psychiatrie und Gruppendynamik, Berlin, in Direktbeobachtungen von Kleinkindern keinen genuinen, d. h. primär auf Zerstörung gerichteten Aggressionstrieb feststellen. René Spitz (1967) erkennt in seinem Werk den sogenannten Destruktions- und Todestrieb zwar an, jedoch ohne wissenschaftlichen Beweis. Im Rahmen seiner eigenen Forschung über das erste Lebensjahr des Kindes betont er den Aspekt der gesunden, nicht-zerstörerischen Aggression. Er beobachtete in dieser frühen Entwicklungsphase Formen »gerichteter Aktivität«. Das Kind gibt schrittweise seine passive Rolle auf und ist bemüht, seine Umwelt zu erforschen. Somit können wir das ad gredi schon während der oralen Phase, der ersten Stufe der Ich-Entwicklung beobachten. Beim Studium des kindlichen Verhaltens werden seine Reaktionen immer wieder als verstehbar hinsichtlich seiner eigenen Bedürfnisse erkannt werden können. Destruktive Aggression dagegen entsteht erst, wenn Eltern den kindlichen Bedürfnissen gegenüber eine ablehnende Haltung einnehmen, wenn ad gredi und Ich-Entwicklung nicht liebevoll unterstützt, sondern feindselig abgewehrt werden. Die Erfahrungsunfähigkeit der Eltern gegenüber ihren Kindern erzeugt die Konflikte, in deren Verlauf das gesunde ad gredi umschlägt in destruktive Aggression. Wir können sie verstehen als den verzweifelten Protest gegen die Fremdheit der Eltern und die Entfremdung vom eigenen Selbst, ein Vorgang, der zu unbewußter Autonomie gelangen und im Extrem zur schizophrenen Reaktion führen kann. Eine Manifestationsform destruktiver Aggression sind die unbeherrschten Wutausbrüche bei Kindern. Häufig beschränkt die Reaktion der Eltern angesichts solcher Signale sich darauf, zu klären, von welchem Elternteil das Kind die destruktive Anlage geerbt habe, ein Klärungsversuch, der mit der Todestriebhypothese den biologistischen Fatalismus teilt und wie diese vermeidet, bei der Analyse der Situation auf den eigenen Anteil an ihr zu stoßen. Gisela Ammon (1969) berichtet, daß extreme Aggression von Kindern sich durch intensive Zusammenarbeit zwischen Eltern und Psychoanalytischem Kindergarten auflösen ließ, sobald die elterliche Aggression in der Therapie durchgearbeitet werden konnte und nicht länger den Kindern gegenüber ausgelebt wurde.

Auch die britische Psychoanalytikerin Lilla Veszy-Wagner (1969) schrieb kürzlich:

»Es freut mich ganz besonders, daß Sie keine Zeichen eines angeborenen konstitutionellen Zerstörungstriebes gefunden haben ... Auch ich bin der Meinung, daß Aggression und Destruktion nicht dasselbe bedeuten. Klinisch habe ich sehr oft beobachtet, daß, wenn ich aggressiven Müttern oder Vätern helfen konnte, nicht auch destruktiv werden zu wollen, der ›Trieb‹ zur Destruktion in ihren Kindern ohne direkten analytischen Einfluß auf das Kind selbst, sozusagen von selbst vermindert oder auch ganz ausgetilgt wurde.«

Um es psychoanalytisch zu sagen: dem Menschen sind bei der destruktiven Aggression die Motive nicht bewußt. Die konstruktive Aggression steht unter Kontrolle des Ichs, die destruktive Aggression nicht. Aggression ist konfliktfrei, Destruktion ist aus Konflikt geboren. Auch die derzeitige kulturanthropologische Forschung hat keine Anhaltspunkte für einen angeborenen menschlichen Zerstörungstrieb erbringen können (Benedict, 1965, Mead, 1953, 1955, 1958, Strech 1969). Ganz im Gegenteil, von der völkerkundlichen Empirie her fragt man sich heute, ob die Aggression nicht ein anerzogenes Verhalten und Kriege ein Kulturprodukt seien. Ich betrachte destruktive Aggression als reaktiv. Ihr einen Zerstörungstrieb zuzuordnen, halte ich für ebenso verfehlt wie die Theorie einer angeborenen Schizophrenie.

Mit der Genese destruktiver Aggression aus der Dynamik unbewußter Konflikte hat besonders Anna Freud (1936) sich beschäftigt. Sie beschreibt das Wüten gegen den sogenannten Schuldigen in der Außenwelt als Vorläufer und Ersatz für das Schuldgefühl, Vorgänge, die wir als Psychoanalytiker bei Depressionen und depressiven Charakterneurosen feststellen können. Die Angst, die beim psychisch gesunden Menschen eine Warn- und Schutzfunktion hat, indem sie auf drohende Gefahren aufmerksam macht, hat bei konfliktbehafteten Menschen irrationalen Charakter. Der Patient spürt sie, ihre Ursachen sind ihm jedoch auf Grund der Verdrängung nicht bewußt. Dieses irrationale Moment überträgt sich auf die destruktive Aggression, die man als Abwehr der Angst verstehen kann, wobei die Stärke der Aggression der Intensität der Angst entspricht.

So wird das Ich entweder psychosomatisch, depressiv oder aber feindselig-aggressiv gegen seine Umwelt reagieren. Dieses Wechselspiel konnte ich bei meinen Patienten immer wieder beobachten: In der depressiven Phase wird die Aggression des feindseligen Über-Ichs gegen das eigene Ich gerichtet, während der Patient in der destruktiv-aggressiven Phase sein feindseliges Über-Ich mit der Umwelt identifiziert und seine Aggressionen gegen diese richtet.

Beim Studium menschlicher Destruktion hat mir meine 20jährige Erfahrung immer wieder gezeigt, daß es sich bei der breiten Skala geistig-seelischer Erkrankungen eigentlich immer um nach innen, d. h. vom Menschen gegen sich selbst oder nach außen gegen die Umwelt gerichtete pathologische Aggression handelt, die eine Geschichte hat, deren Ursachen auffindbar und damit behandelbar sind. Wenn wir an früheste kindliche Entwicklungsstörungen denken, so kann man sagen, daß die im späteren Leben gezeigte Aggression proportional der von der Mutter in der Kindheit verweigerten Liebe ist.

Die moderne psychoanalytische Forschung hat ferner durch Anwendung der Psychoanalyse als Grundlagenwissenschaft für verschiedene Behandlungsmöglichkeiten und durch ihre enge

Verbindung mit der Psychiatrie zu neuen Erkenntnissen über die Destruktion jenseits des Ödipus-Komplexes geführt. In meiner Forschung und Therapie mit Patienten, die schizophrene oder Borderline Reaktionen aufweisen (d. h. geistig-seelische Konflikte, die sich im gleitenden Spektrum zwischen den sogenannten Neurosen und Psychosen bewegen), stellte ich fest, daß der früheste Konflikt mit der Mutter für die stärkste Angst und Destruktion im Menschen verantwortlich zu machen ist, daß die destruktive Aggression im Menschen um so stärker ist, je früher sie erlebt wird. Hier ist etwa das 1. bis 3. Lebensjahr der symbiotischen Beziehungen zur Mutter ausschlaggebend (Ammon 1968, 1969d, 1969e).

Die klinische Erfahrung einer psychoanalytisch orientierten Psychiatrie zeigt immer wieder, daß der Selbstmord oder Selbstmordversuch nicht einem angeborenen Todestrieb entspringt, sondern ein letzter Versuch der Kommunikation, ein letzter Ruf nach Hilfe und Verständnis ist. Die hierbei freiwerdende Destruktion richtet sich in der Regel gegen ein verinnerlichtes, ambivalent geliebtes Wesen. Der Selbstmörder sieht keinen anderen Ausweg, sich von diesem Objekt zu befreien. Streng theoretisch kann man sagen, daß jeder Selbstmord auch ein Mord ist und umgekehrt hat das Studium der Psychodynamik von Morden ergeben, daß jeder Mord auch eine Art Selbstmord ist.

Kürzlich hat Horn (1967) die Formel gefunden, daß Erziehung vor allem Erfahrungsfähigkeit gegenüber dem Kind und sich selbst voraussetzt. Erikson (1965) ging sogar soweit, zu formulieren, daß sich in einer psychisch gesunden Familie die Eltern mit den Kindern entwickeln. F. Alexander (1952) schrieb:

»Starre Disziplin, die mit körperlicher Züchtigung und anderen Strafmaßnahmen durchgesetzt wird, ist dazu geeignet, einen militanten, aggressiven Jugendlichen heranzuziehen, wie beispielsweise im alten Sparta, im Hitlerdeutschland . . . Der in der strafenden Atmosphäre des Spielzimmers, der Schule und in den Militärkasernen erzeugte Haß wird gegen fremde Gesellschaften und Minderheiten kanalisiert. Terror verhindert, daß er sich gegen die inneren Autoritäten des Staates wendet.«

Die Problematik von »Dressur oder Erziehung, Schlagrituale und ihre gesellschaftliche Funktion« hat Horn (1967) detailliert bearbeitet. Bemerkenswert sind dabei seine ausreichend belegten Feststellungen über die Destruktion von oben, und es möge uns zum Nachdenken anregen, wenn er die empirischen Untersuchungen von Brückner (1966) anführt, nach der im Jahre 1965 90 Kinder von ihren Eltern getötet wurden. Horn führt ein Beispiel an, bei dem ein Vater seine wenige Monate alte Tochter mit der Faust erschlug, weil sie ihn durch Schreien beim Fernsehen störte, und er meinte, daß die »Präferenz« für das Fernsehen Zeichen einer weit größeren Entmenschlichung und Versachlichung im Verhältnis von Vater und Kind sei, als es das Verhalten des klassisch autoritären Vaters war, der wenigstens noch, wenngleich auf eine verkrüppelte Weise, sein Kind einem patriarchalischen Über-Ich entsprechend zeremonienhaft strafte und nicht narzißtisch-schizoid reagierte. Es sei erwähnt, daß 1961 bei einer Meinungsumfrage 75 Prozent der deutschen Eltern für die Prügelstrafe bei ihren Kindern eintraten (E. Noelle, E. P. Neumann 1958 bis 1964). Es mag daher nicht verwunderlich scheinen, daß der Staatsbürger durch die von ihm unterhaltene Polizei Prügel willig hinnimmt.

Es verwundert, daß obwohl jeder Psychoanalytiker im Laufe seiner therapeutischen Arbeit Väter und Mütter behandelt, bei denen er destruktiv-aggressive Tendenzen gegen die eigenen Kinder feststellt, die psychoanalytische Theoriebildung gerade erst begonnen hat, diesem wichtigen Problem mehr Beachtung zu schenken. Die psychoanalytische Erforschung dieser Seite des Konflikts setzt allerdings voraus, daß seine gesellschaftliche Dimension miteinbezogen wird. So fragt Paul A. Baran (1966), wie es möglich ist, daß Eltern so von sich selbst entfremdet werden, daß sie im Extrem beginnen, ihre Kinder totzuschlagen wie lästige Fliegen und antwortet mit dem Hinweis auf ihre gesellschaftliche Situation:

»Die Entfremdung des Menschen von sich selbst – die Verstümmelung des Individuums, die Unterwerfung seiner Natur unter die Erfordernisse des Unternehmens, die tödliche Verletzung seiner Spontaneität und seine Verwandlung in einen selbstsüchtigen, berechnenden und umsichtigen Teilnehmer am Produktionsprozeß (dessen Objekt das Individuum zugleich ist) – diese Entfremdung bezeichnet die psychische Struktur des Menschen in der kapitalistischen Gesellschaft, das innere Gerüst seiner Handlungen und Gedanken.«

Auch Strotzka (1969) vertritt in seiner Kritik an Herbert Marcuses Freudinterpretation den Standpunkt, daß die Anonymität und Überorganisation derzeitiger gesellschaftlicher Verwaltung und Fürsorge mit der daraus folgenden Entfremdung und Manipulierbarkeit des Menschen eine Entwicklung darstellt, die Freud nicht voraussehen konnte. Er forderte in diesem Sinne weitere Forschung auf dem Gebiet psychoanalytischer Kulturtheorie. Meines Erachtens ist die Familie in jeder Kultur die Vermittlerin der herrschenden Gesellschaftsform. Sie ist die »Gesellschaft des Kindes«. Die Hilflosigkeit des Kindes in den ersten Lebensjahren ist in allen Familien gleich; wie den Bedürfnissen des Kindes begegnet wird, prägt entscheidend sein Verhältnis zu allen späteren Gruppen.

Kann sich das Kind in der Familie als eine in seinen Bedürfnissen akzeptierte, gleichberechtigte und sich gegen seine Eltern in wachsendem Maße abgrenzende Person erleben, erfährt es vor allem die Liebe und den Schutz, deren es in den ersten Jahren bedarf, so wird es als Jugendlicher und Erwachsener imstande sein, autonom, d. h. frei vom Zwang zur Wiederholung unbewußter Konflikte, zu reagieren und die gesellschaftliche Realität zu prüfen.

In einer Familie jedoch, in der das Abhängigkeitsverhältnis zwischen Kind und Erwachsenen mißbraucht und zur Unterdrückung des Schwächeren benutzt wird, um gewaltsam durchzusetzen, was der Stärkere für seine eigenen Interessen hält, wird die Grundlage für autoritäre Herrschaftsverhältnisse gesetzt. Als Identifikationsmöglichkeit bleibt dem Kind in dieser Situation allein die »Identifizierung mit dem Angreifer« im Sinne von Anna Freud (1936). Dieses Denkmodell der »Identifizierung mit dem Angreifer« zeigt die innige Verwobenheit von Herrschaft und destruktivem Verhalten.

»Ein Ich, das mit Hilfe dieses Abwehrmechanismus diesen speziellen Entwicklungsweg durchmacht, introjiziert die kritisierenden Autoritäten als Über-Ich und ist imstande, seine verbotenen Regungen nach außen zu projizieren. Ein solches Ich ist intolerant gegen die Außenwelt, ehe es streng gegen sich selbst wird. Es erlernt, was verurteilt werden soll, schützt sich aber mit Hilfe dieses Abwehrvorganges gegen die Unlust der Selbstkritik« (Anna Freud, 1936).

Für unser Anliegen bedeutsam ist hierbei das Hervortreten der Wechselbeziehung destruktiven Verhaltens zwischen Starken und Schwachen, Eltern und Kindern, Herrschenden und

Unterdrückten. Die Psychodynamik dieser Situation ist der Psychoanalyse seit Jahrzehnten bekannt. Man bezeichnet sie als sadomasochistisches Verhalten und meint damit, wo unterdrückt wird, muß auch ein Empfänger sein, der Unterdrückung einlädt und wünscht. Auf die Gesamtgesellschaft bezogen unterstreicht dieses Modell die Tatsache, daß eine autoritäre Obrigkeit Angreiferfunktion gegenüber den Bürgern hat. M. E. verhält sich in Großgruppen der Gesellschaft das um seine Herrschaft besorgte Establishment gegenüber den auf Veränderung drängenden Kräften in der Regel feindselig aggressiv, wie der um seine Macht fürchtende Vater. Dieses psychopathologische Erscheinungsbild einer Gruppe tritt auf, sobald die Rollenverteilung zwischen Stark und Schwach erstarrt und zur Ausbeutung mißbraucht wird.

»Die autoritäre Persönlichkeit« (Adorno, 1950) ist daher genauso als pathologisch anzusehen und in ihrer Entwicklungsgeschichte psychodynamisch verstehbar wie Destruktion. Somit gibt es m. E. weder eine schicksalhaft gegebene Autorität noch eine fatalistisch zu akzeptierende Destruktion. Beide Verhaltensweisen, die autoritäre wie die destruktive, muß man vom Standpunkt der Psychoanalyse als krank ansehen. In autoritären Herrschaftssystemen unserer Gesellschaft kann man die Beobachtung machen, daß die Herrschenden oft aus Unfähigkeit oder Angst vor der Übernahme von Sachautorität zu destruktiven, aggressiven Haltungen und Äußerungen neigen, daß destruktive Aggression von einer als hierarchisch und pseudolegal zu verstehenden Autorität angewandt wird als Abwehr gegen sich anbahnende gesellschaftliche Prozesse und Veränderungen. Hierbei handelt es sich um einen weltweiten Prozeß, der am Anfang steht und dringend zum Objekt intensiver Forschung gemacht werden muß.

In meiner psychotherapeutischen Arbeit habe ich beobachtet, daß Patienten aufhören konnten, destruktiv zu reagieren, sobald sie im Verlauf des therapeutischen Prozesses das Verständnis und Angenommensein erlebten, welches ihnen im Elternhaus versagt geblieben war. Dieser Prozeß konnte einsetzen, als es den Patienten gelungen war, sich jenseits von Übertragungsphänomenen mit dem Gruppenpsychotherapeuten zu identifizieren und damit eine Ich-Stärkung im Sinne einer erweiterten Ich-Autonomie (Hartmann 1939, Rapaport 1951) zu gewinnen. Wichtig ist, daß bei dieser Identifizierung, die schließlich zum Finden der eigenen Identität und Verinnerlichung eines freundlichen Leitbildes führt, es sich nicht nur um eine Übertragungsneurose handelt. Die Patienten hatten erstmalig die Möglichkeit gefunden, sich positiv zu identifizieren, was ihnen vorher weder in ihrer Familie noch in der Gesellschaft möglich gewesen war (Ammon 1970a).

Voraussetzung für eine schöpferische Bewältigung der gegenwärtig zu Tage tretenden Krise unseres Gesellschaftssystems ist meines Erachtens ein neues Konzept von Autorität. Zu der Sachautorität, die auf begrenzte Zeit übernommen wird und welche ihre Legitimation aus einer wissenschaftlichen Rationalität gewinnt, deren Inhalte dynamisch und emanzipatorisch veränderbar sein müssen, muß als Identifikationsobjekt die Leitbildautorität treten. Diese muß im psychoanalytischen Sinne genital sein, also frei von den bekannten Fetischattributen destruktiver Autoritäten, welche man den Triebentwicklungsstufen oraler, analer und phallischer Art zuschreiben muß. Der genitale Charakter der Leitbildautorität ist um so wichtiger, als in ihm das emanzipatorische Programm der gemeinsamen Arbeit in einer gelingenden persönlichen Entwicklung erscheint.

Unsere Arbeit basiert auf der Hypothese, daß es zu keiner ins Unbewußte verdrängten und sich explosiv äußernden Destruktion kommt, wenn der Mensch von frühester Kindheit an eine ungestörte Entwicklung seiner Sexualität und seiner konstruktiven Aggression durchläuft. Konstruktive Aggression begreifen wir als Ich-Funktion, als primär und nicht pathologisch – im Gegensatz zur Hypothese eines primären und nicht pathologischen Destrudo mit der Energie eines postulierten Gegenprinzips zur Libido. Destruktive Aggression verstehen wir als pathologische Form der konstruktiven Aggression, welche als Ich-Funktion gespeist wird aus einem unspezifischen Energiereservoir. Der Hypothese vom Destruktionstrieb entspricht die Vorstellung einer ursprünglichen Bösartigkeit des Menschen. Als Aufgabe der Gesellschaft erscheint hier vor allem Zähmung der zerstörerischen Tendenzen durch Reglementierung, durch Ableitung der Zerstörungswut auf äußere Feinde im gesellschaftlichen Rahmen, durch Triebmischung und Sublimierung für das Individuum.

Voraussetzung für die These, daß sozial und kulturell produktives Verhalten zurückgeführt werden müsse auf Triebmischung und Sublimierung, ist das Vorurteil, daß Libido und Aggression prinzipiell asozial, daß Lustansprüche und das Streben nach Selbstentfaltung für die Gesellschaft dauernd gefährlich sind. Ich meine, daß umgekehrt aus der Tatsache, daß Menschen in ihrem Streben nach Selbstverwirklichung abhängig sind von entfremdeten ökonomischen und gesellschaftlichen Organisationen, welche ihre Hauptaufgabe darin sehen, dieses Streben zunächst einmal als asozial zu verdächtigen und seine Entfaltung abzuwehren, destruktive Aggression ebenso wie asoziale Bedürfnisse allererst entstehen. Lustansprüche und die Ich-Funktion der konstruktiven Aggression stehen nicht in prinzipiellem Gegensatz zur »Realität«, wohl aber sind sie bedroht durch eine menschenfeindlich organisierte Realität. Menschliche Natur und Kulturforderung schließen einander nicht aus. Statt von der Sublimierung asozialer Triebregungen zu sprechen, sollten wir uns lieber fragen, ob es sich nicht um humane Bedürfnisse handelt, deren schöpferische Befriedigung die Gesellschaft erleichtern sollte, statt durch offene oder versteckte Unterdrückung im Dienste ökonomischer und gesellschaftlicher Herrschaftsinteressen sie in die Asozialität zu treiben.

Wenn wir den Thesen von Mitscherlich (1969) folgen, so können wir im Sinne Barans (1968) »alle Hoffnung auf eine Gesellschaft ohne Ausbeutung des Menschen durch den Menschen, ohne Ungerechtigkeit und ohne Krieg fahren lassen, weil alle diese Phänomene das unausweichliche Resultat immerwährender menschlicher Eigenschaften sind. Eingesperrt in seine ›ewige Natur‹ ist der Mensch für alle Ewigkeit verdammt . . .«. Alle zukünftige Aggressionsforschung muß, wenn sie diesem Dilemma entgehen will, Konfliktforschung betreiben, nicht Triebspekulation. Freuds (1921) bedeutender Ansatz in dieser Richtung wurde von der institutionalisierten Psychoanalyse zu ihrem Schaden nicht weiterentwickelt. Ein starres Festhalten an der Dual-Instinkt-Theorie verurteilt die psychoanalytische Aggressionsforschung zur Stagnation. Unser Arbeitskonzept, welches konstruktive Aggression als Funktion des Ichs im Dienste der Selbstentfaltung begreift, möchte verstanden werden als Versuch, der zitierten Sackgasse zu entgehen und als Anstoß zu einer Neuformulierung und Weiterentwicklung der Aggressionslehre im Rahmen der psychoanalytischen Ich-Psychologie.

V. Von der spätbürgerlichen Psychoanalyse zur Emanzipation in der Gruppe

Zu den wichtigsten Fragen, welche die Studentenbewegung der letzten Jahre aufgeworfen hat, gehört die Frage an die Wissenschaften, ob sie Bundesgenossen in dem Bemühen um Befreiung aus den Zwängen einer menschenfeindlich organisierten Gesellschaft sind.

Auch die Psychoanalyse, die ja zu den Basiswissenschaften der studentischen Bewegung gehört, ist von dieser Frage nicht ausgenommen. Sie lautet in diesem Zusammenhang konkret: Hat die Psychoanalyse eine Vorstellung von Selbstverwirklichung entwickelt, welche wir als Emanzipationsprogramm begreifen dürfen, oder dient ihre Theorie nicht gerade der Rechtfertigung gesellschaftlichen Zwanges. Auf die psychoanalytische Praxis zugespitzt, lautet die Frage: Hilft die psychoanalytische Therapie dem kranken Menschen, sich zu befreien oder dient sie nicht gerade dazu, den psychisch Kranken wieder in eine Gesellschaft zu integrieren, an der er krank geworden ist und gegen welche er mit seiner Krankheit zu protestieren suchte? Diese beiden Aspekte bestimmen, soweit ich sehe, die Auseinandersetzung der studentischen Bewegung mit der Psychoanalyse.

Die Frage, ob die Psychoanalyse einer Emanzipation von gesellschaftlichen Zwängen dient oder Anpassung an diese Zwänge betreibt, trifft allerdings den Kern. Denn nur als emanzipatorische Wissenschaft und Praxis kann die Psychoanalyse mehr sein als die hilflose Reparaturwerkstatt einer kranken Gesellschaft.

Es wird Ihnen bekannt sein, daß Freud eine pessimistische Kulturtheorie formulierte, daß er der Meinung war, daß die libidinösen Triebansprüche des Individuums notwendig mit den gesellschaftlichen Kulturforderungen in Konflikt geraten müßten und daß, um der Kulturforderung zu genügen, die Triebansprüche des Es unterdrückt werden müssen.

Der amerikanische Soziologe David Riesman (1965), der als einer der besten zeitgenössischen Freud-Kenner gelten kann, schreibt dazu: »Seine (Freuds) Ansichten beruhten auf seiner Überzeugung, daß die Menschen von Natur aus faul sind« und

»auf der Theorie des Todestriebes, d. h. auf der These, daß der Aggressionstrieb der Menschen die Gesellschaft sprengen würde, wenn die Bande der Führung sie nicht zusammenhielte.« »Die Massen . . . können nach Freuds Meinung zum Verzicht auf Aggression nur durch Autorität gebracht werden sowie durch das, was man heute Ideologie nennen würde – das Bindemittel emotionaler Verflechtungen.« Eine Gesellschaftsvorstellung, welche über die viktorianische Situation, die er vorfand und in der er lebte, hinausging, hat Freud nicht entwickelt, und ein emanzipatorisches Programm lag ihm fern. Für ihn war die bürgerliche Gesellschaft ein Gegebenes, das er nicht zu transzendieren suchte. Den pathologischen psychischen Konflikt begriff Freud als Ausdruck einer nicht gelingenden Anpassung, und sein therapeutisches Programm war, dem Menschen zu einer gelingenden Anpassung zu verhelfen, indem er ihm Einsicht vermittelte in seine Triebwünsche und ihm den Weg zu ihrer sublimierten Befriedigung im Rahmen der »Realität« eröffnete. »Das Individuum erkrankt . . . an dem Versuch, sich der Realität anzupassen und die Realitätsforderung zu erfüllen, wobei es auf unüberwindliche innere Schwierigkeiten stößt.« (Freud, 1909–1913).

Die Frage, was es dem Individuum so schwer macht, sich der Realität anzupassen, beantwortet Freud mit dem Hinweis auf die Intransigenz, mit welcher die Triebe auf einer Befriedigung beharren, die ihnen andererseits kulturnotwendig verweigert werden muß. In dem Konflikt zwischen Triebwunsch und Triebunterdrückung stellt Freud sich auf die Seite der Repression. »Die psychoanalytische Erziehung nimmt eine ungebetene Verantwortung auf sich, wenn sie sich vorsetzt, ihren Zögling zum Aufrührer zu modeln. Sie hat das ihrige getan, wenn sie ihn möglichst gesund und leistungsfähig entläßt« (Freud 1932).

Anpassung wird in diesem Zusammenhang verstanden als Unterwerfung unter die Kulturforderung, als ein Prozeß, in dessen Verlauf der einzelne diszipliniert wird für den Lebenskampf in der Konkurrenzgesellschaft. Im therapeutischen Prozeß soll an die Stelle der Verdrängung von Triebwünschen ihre bewußte Verneinung treten.

In seinem Buch »Eros and Civilisation« hat Herbert Marcuse die psychoanalytische Kulturtheorie und die Konzeption der psychoanalytischen Praxis, wie er sie daraus ableitete, kritisiert.

Seine Kritik beruht darauf, daß er einerseits Freuds entscheidende Entdeckung der Dynamik des Unbewußten und die darauf ruhende Triebtheorie als mögliche Basis eines emanzipatorischen Entwurfes begreift, aus der pessimistischen Kulturtheorie Freuds und der unentwickelten psychoanalytischen Praxis aber andererseits den Vorwurf gewinnt, die Psychoanalyse betreibe Resignation. »Während die psychoanalytische Theorie erkennt, daß die Krankheit des einzelnen letzten Endes durch die Krankheit seiner Zivilisation verursacht ist und durch sie fortdauert, bemüht sich die psychoanalytische Therapie darum, den einzelnen zu heilen, damit er fortfahren kann, als Teil einer kranken Zivilisation zu funktionieren. ... Theoretisch liegt der Unterschied zwischen geistiger Gesundheit und Neurose nur im Grad der Wirksamkeit der Resignation ...« (Marcuse 1967).

Marcuse unternimmt es nun, aus der Trieblehre eine andere, nicht pessimistische Konsequenz zu entwickeln. Zwar übernimmt er Freuds Problemstellung von dem unausweichlichen Konflikt von Lustprinzip und Realitätsprinzip, von Triebanspruch und notwendiger Triebunterdrückung, ebenso wie er auch die Hypothese eines primären Todestriebes übernimmt. Er kritisiert aber, daß Freud die kapitalistische Gesellschaft unhistorisch gleichgesetzt habe mit dem Realitätsprinzip und weist darauf hin, daß das Leistungsprinzip dieser Gesellschaft historisch geworden und deshalb auch veränderbar sei.

Sein Emanzipationskonzept dreht den spekulativen Zirkel der Freudschen Kulturtheorie einfach um. Gerade weil die Unterdrückung der libidinösen Strebungen das aggressive Potential vermehre und damit Autorität und Herrschaft unumgänglich mache, gerade weil also die Repression ständig ihre eigenen Voraussetzungen schaffe, müsse der Kreis umgedreht werden. Wenig Repression werde weniger Aggression hervorrufen und damit ihre eigene Verminderung ermöglichen. An die Stelle von Leistungszwang und Triebunterdrückung soll eine triebfreundliche Organisation der Gesellschaft treten, welche die Lebenstriebe unterstütze. Eine solche Organisation würde die Institutionalisierung des Todestriebes in ihren eigenen Strukturen und damit die zerstörerische Dialektik der kapitalistischen Gesellschaft vermeiden.

Die Ursachen für Freuds Überzeugung, daß kulturelle Leistung nur durch Triebunterdrückung ermöglicht werde und

Triebbefriedigung nur als sublimierte mit schöpferischer Arbeit vereinbar sei, liegen ohne Zweifel in seiner eigenen Persönlichkeitsstruktur, die für ihn eine Alternative undenkbar machte. Tatsächlich hat es Gesellschaftssysteme gegeben, welche sich nicht auf der Basis von entdifferenzierender Triebunterdrückung organisierten. Ich erinnere in diesem Zusammenhang an die Gesellschaft der Kreter, welche für ein Jahrtausend die hochdifferenzierte minoische Kulturwelt bildete, ohne während dieser Zeit Kriege zu führen. Ich selbst habe im Rahmen eines Forschungsprogramms über die Persönlichkeitsstruktur genialer Menschen auf Grund umfangreicher Beobachtungen festgestellt, daß diese Menschen konfliktfreie infantile Sexualität ohne Schuldgefühle ausleben konnten. Ihre Familiengeschichte wurde charakterisiert durch eine gelungene Beziehung zur Mutter, welche ihre Kinder als Persönlichkeiten mit eigenem Recht respektiert und sie zu einer freien Entfaltung ihres ad gredi ermutigt hatte (Ammon 1964).

Marcuses Versuch, auf der Basis der psychoanalytischen Trieblehre ein emanzipatorisches Konzept zu entwickeln, hat, so zahlreich seine Schwächen auch sind, das Verdienst, der psychoanalytischen Kulturtheorie eine Zukunftsdimension eröffnet zu haben. Er ersetzt die pessimistische Spekulation durch eine Utopie, doch den Bereich der Spekulation überschreitet er nicht. Diese Schwäche tritt hervor in dem Versuch, aus der Utopie ein Praxis-Konzept zu gewinnen. In seinen späteren Arbeiten stellt Marcuse der resignierenden Anpassung an die Gesellschaft, welche das Ziel der psychoanalytischen Therapie sei, die bewußte Verweigerung dieser Anpassung gegenüber, eine Idee, welche mit der Resignation durch geheime Verwandtschaft verbunden ist.

Marcuse vernachlässigt den empirisch wissenschaftlichen Charakter der psychoanalytischen Arbeit, was insofern verhängnisvoll ist, als, wie ich meine, seine Freud-Kritik noch immer den Rahmen der studentischen Diskussion psychoanalytischer Theorie und Praxis bestimmt. Ich möchte daher die kulturtheoretische Spekulation verlassen und mich den Ergebnissen der psychoanalytischen Forschung zuwenden, welche für unsere Fragestellung wichtig sind.

Die frühe Psychoanalyse blieb konzentriert auf das Problem des pathologischen psychischen Konflikts, den sie verstand als

Konflikt zwischen Triebanspruch und versagender, die Unterdrückung des Wunsches fordernder Realität. Aus der Konfliktsituation heraus entwickelte sie die Struktur des psychischen Apparates und studierte auf diese hin seine Funktionen. Im Mittelpunkt der Forschung standen daher zunächst die Triebe und ihre Schicksale, später die Abwehrmechanismen, welche das Ich als eine Art Agent der Außenwelt gegen sie einsetzt.

Die psychoanalytische Ich-Psychologie geht davon aus, daß Entwicklung und Funktion des Ichs nicht allein aus dem Konflikt zwischen Es und Außenwelt erklärt werden können, wie Freud es noch 1933 tat. Hartmann weist in seiner epochemachenden Arbeit von 1937 darauf hin, daß nicht jede Auseinandersetzung mit der Umwelt, nicht jeder Lern- oder Reifungsvorgang ... ein Konflikt sei, daß es eine »nichtkonfliktuöse Entwicklung« von Ich-Funktionen gebe. Er faßt diese Funktionen, z. B. die Funktionen der Wahrnehmung, des Denkens, der Sprache, der Phasen motorischer Entwicklung usw., in dem Begriff einer »konfliktfreien Ich-Sphäre« zusammen. Die Ich-Funktionen werden nicht unter Druck der Außenwelt dem Es abgewonnen und aufgezwungen, für ihre Entwicklung stehen vielmehr primär gegebene autonome Ich-Apparate bereit. Das Ich ist nach dieser Theorie nicht Konfliktergebnis, sondern entwickelt sich zusammen mit dem Es aus einer gemeinsamen undifferenzierten Matrix, dem sogenannten Ich-Es. Das bedeutet unter anderem, wenn auch Hartmann diese Konsequenz nicht zieht, daß die Ich-Funktionen gespeist werden aus einem unspezifischen Energiereservoir und nicht auf die Triebenergie des Es angewiesen sind. Damit fällt die Basis der Sublimierungstheorie.

Ich habe bereits meine Forschungen erwähnt, die ergaben, daß Triebunterdrückung nicht Voraussetzung für schöpferische Arbeit ist, sondern im Gegenteil die Ich-Entwicklung behindert.

Für die psychoanalytische Ich-Psychologie, wie sie von Hartmann entwickelt wurde, zerfällt der Anpassungsprozeß nicht, wie bei Freud, in Triebunterdrückung einerseits und sich den Kulturforderungen unterwerfende Sublimierung andererseits. Anpassung ist nicht länger nur »adjustment« an ein starres Realitätsprinzip, sondern wird begriffen als ein Prozeß der wechselseitigen Auseinandersetzung zwischen primär gegebenen Ich-Anlagen und der Umwelt.

»Hartmann . . . does not consider society as simply a restraining agent which imposes ego development on id. He sees adaptation as a reciprocal relationship between the organism and its environment, in which on one side the ego is the organ of adaptation, and on the other society meets the ego by ›environmental compliance‹«! (Rapaport 1956).

Von dieser Basis aus erscheint die Rolle der Gesellschaft in einem neuen Licht. Wenn die Ich-Entwicklung nicht allein Produkt gesellschaftlichen Zwanges ist, wie bei Freud, sondern sich vollzieht in der Auseinandersetzung primär gegebener Ich-Anlagen mit der Umwelt, dann kann Gesellschaft kritisch betrachtet werden als diese Entwicklung fördernd oder behindernd, als Organisation, welche gelingende Auseinandersetzung ermöglicht oder nur verstümmelte Entwicklung erlaubt. Der Preis, den wir für die gesellschaftliche Organisation zahlen, ist nicht länger eine unbefragbare Größe, er kann als zu hoch erkannt und kritisiert werden und zwar nicht auf der Basis der Spekulation, wie bei Marcuse, sondern auf der Basis vergleichender Untersuchung.

Die psychoanalytische Ich-Psychologie macht von dieser Möglichkeit jedoch keinen Gebrauch, und die verschiedenen Versuche, im Rahmen der psychoanalytischen Theorie des Ichs, die gesellschaftliche Umwelt zu bestimmen, können nicht befriedigen. Entweder wird, wie bei Hartmann, Umwelt überhaupt nicht näher spezifiziert oder aber Erkenntnisse der Soziologie werden mehr oder weniger unkritisch übernommen unter weitgehender Vernachlässigung der Dynamik des Unbewußten, wie dies z. B. bei den neofreudianischen Schulen von Horney, Fromm u. a. der Fall ist.

Den besten Ansatz für die psychoanalytische Erforschung des Anpassungsprozesses findet Erikson (1965). Er untersucht die Sozialisationsprozesse bei nordamerikanischen Indianerstämmen und beschreibt sie unter einem doppelten Aspekt. Einerseits beobachtet er die Herausbildung der Ich-Funktionen im Prozeß der Libidoentwicklung mit ihren bekannten Phasen, oral usw., auf der anderen Seite betrachtet er die den jeweiligen Entwicklungsstufen des Kindes mehr oder weniger entgegenkommenden Verhaltensweisen (Rollen) der Gruppe, in welcher das Kind aufwächst. Als Ziel des Anpassungsprozesses begreift Erikson die »Ich-Identität«, eine Ich-Organisation, die den Verhaltensweisen und Institutionen, welche die Gruppenidentität charakterisieren, entspricht. Erikson beschreibt den Anpassungsprozeß als wechselseitige Beziehung. Er untersucht die verschiedenen Formen, in denen die jeweilige Gruppe den Entwicklungsbedürfnissen des Individuums entgegenkommt bzw. diese unterdrückt und kanalisiert. Damit kann das Problem Ich-Umwelt als Problem der Ich-Entwicklung unter spezifischen Gruppenbedingungen studiert werden.

Ich möchte nun zurückkehren zu der Fragestellung, von der wir ausgegangen sind. Betreibt Psychoanalyse Anpassung oder verhilft sie zur Emanzipation? Aus dem bisher Gesagten ergibt sich die Notwendigkeit, beide Begriffe zu differenzieren. Wenn ich von gelingender Anpassung spreche, dann meine ich einen Prozeß, in dessen Verlauf nicht allein das Individuum, sondern auch die umgebende Gruppe sich entwickelt.

Voraussetzung für gelingende Anpassung ist eine lebendige Kommunikation zwischen einzelnem und Gruppe. Lebendige Kommunikation will sagen, 1. daß es dem Ich gelingt, seine Funktionen zu entwickeln und auszuüben, daß 2. die Gruppe, und im weiteren Rahmen die Gesellschaft, dieser Entwicklung entgegenkommend korrespondiert.

Anpassung in diesem Sinne ist, so meine ich, Emanzipation. Das Individuum emanzipiert sich mit Hilfe der Gruppe von den unvermeidlichen Ängsten der Kindheit und findet zu einer angstfreien Identität. Indem die Gruppe diesen Prozeß teilnehmend unterstützt, entwickelt sie ein Höchstmaß von Kommunikation und Erfahrungsfähigkeit. Sie bereichert damit ihre eigene Identität, welche sie selbst als Gruppe in einer Auseinandersetzung mit der Gesellschaft bestimmt, deren Teil sie ist.

Von mißlingender Anpassung spreche ich, wenn dieser Prozeß gestört und die wechselseitige Beziehung zwischen Ich und Gruppe zur Einseitigkeit entdifferenziert wird.

Auch der gelingende Anpassungsprozeß, der, wie ich meine, ein Emanzipationsprozeß ist, hat einen doppelten Aspekt, und zwar sowohl für den einzelnen als auch für die Gruppe.

Der einzelne lernt mit Hilfe der Gruppe und in Auseinandersetzung mit ihr, seine Psyche zur Identität zu integrieren. Das ist Anpassung an oder besser Organisation seiner inneren Welt. Indem er dies in Auseinandersetzung mit der Gruppe tut, paßt er sich gleichzeitig seiner Umwelt an, oder besser, organisiert seine Beziehungen zur Außenwelt, welche insofern ein Aspekt seiner Identität sind, als ohne immer wiederholte Bestätigung seiner Identität durch die Gruppe er diese Organisation nicht aufrechterhalten kann (brain washing usw.).

Die Gruppe nun organisiert mit der teilnehmenden Unterstützung ihrer Mitglieder in diesem Unternehmen ihre eigene innere Welt, ihr Selbst, und gewinnt damit die Basis für ihre Auseinandersetzung mit der Gesellschaft, und findet in deren Verlauf ihre eigene Identität als Gruppe, ihre gesellschaftliche Identität, könnte man sagen. All diese Prozesse sind vielfach miteinander verflochten und auf allen Ebenen können Konflikte entstehen und sich in die anderen Ebenen hinein fortsetzen. Trotzdem gewinnt als lebendiges Mitglied der lebendigen Gruppe der einzelne das Höchstmaß an Freiheit und Sicherheit. Im Mittelpunkt des emanzipatorischen Programms steht daher die lebendige Gruppe und der angstfreie einzelne in ihr. Die Gruppe kann sich nicht emanzipieren, ohne daß es ihre einzelnen Mitglieder tun, der einzelne kann sich nicht emanzipieren ohne die Gruppe, in welcher er lebt (Ammon 1970a).

Meine Damen und Herren, diese Skizze eines gelingenden Anpassungsprozesses, Anpassung nach innen, Anpassung nach außen, beides für den einzelnen ebenso wie für die Gruppe, formuliert meine Vorstellung von Selbstverwirklichung, und ich begreife sie als Emanzipationsprogramm.

Ich möchte mich jetzt dem zweiten Teil unserer Fragestellung zuwenden, der Frage, ob die psychoanalytische Therapie dieses Programm in die Praxis umzusetzen in der Lage ist, oder ob ihre Praxis dieses Programm verrät.

Die Veränderung des Anpassungskonzeptes in der psychoanalytischen Theorie muß natürlich auch Ziel und Organisation der psychoanalytischen Therapie verändern. Freuds Therapievorstellung habe ich schon erwähnt. Er wollte seinen Patienten die Anpassung an die gegebene Umwelt ermöglichen, ein therapeutisches Programm, das viele Fehlschläge produzierte und in einer Art Rückkoppelung Freuds pessimistische Einstellung zur Therapie bewirkte. Indem die psychoanalytische Ich-Psychologie das Ich als einen beteiligten, aber unabhängigen Faktor des psychischen Konfliktes entdeckte, differenzierte sie die Konfliktvorstellung und konnte auf dieser Basis die therapeutische Technik verfeinern. Ihr Therapieziel ist, wie Rapaport (1954) es formuliert, die »soziale Nische« für den Patienten. Das soll heißen, daß einerseits der Patient mit Hilfe der Therapie eine gelingende Ich-Entwicklung nachholt, daß andererseits es ihm gelingt, einen gesellschaftlichen Ort zu finden, der dieser Entwicklung und ihrem Ergebnis so gut wie möglich entspricht. Die gesellschaftliche Situation, aus der der Patient kommt und in die er wieder eintritt, wird selbst nicht in Frage gestellt. Die psychoanalytische Ich-Psychologie zieht also aus der Veränderung des Anpassungskonzepts keine praktischen Konsequenzen. Sie gewinnt daraus eine verfeinerte Technik ohne aber das Therapieziel zu verändern.

Das drückt sich etwa darin aus, daß Hartmann an der Vorstellung festhält, die Standardsituation der psychoanalytischen Praxis, der Analysand auf der Couch, der Analytiker im Sessel, sei überall auf der Welt die gleiche und sei unabhängig von der gesellschaftlichen und kulturellen Umgebung, in der beide sich befinden. Hartmann gründet auf diese Vorstellung die Forderung nach einer wertfreien, neutralen Haltung des Analytikers, eine Forderung, die sogar von konservativen Analytikern inzwischen abgelehnt wird (vgl. Rapaport 1956). Ich bin nicht der Meinung, daß der Patient mit dem Schritt in das Behandlungszimmer die Gesellschaft verläßt, und ich meine, daß Psychoanalyse an einem fiktiven Ort außerhalb der Gesellschaft, betrieben von einem Analytiker, der an diesem Ort eine fiktive neutrale Haltung einnimmt, ihren Sinn und ihre Berechtigung verliert.

Psychoanalyse, wie ich sie verstehe und wie sie in unserer Berliner Schule gelehrt wird, wird an einem konkreten Ort, in einer konkreten Gesellschaft betrieben, und diese Bestimmungen gehören zu den Faktoren der therapeutischen Situation. Die Frage ist allerdings, welches Gewicht wir ihnen beimessen. Die Situation zu soziologisieren hieße, ihre unbewußte Dynamik vernachlässigen und damit die Basis der psychoanalytischen Arbeit aufgeben.

Ich begreife daher die psychoanalytische Situation, und zwar sowohl die Gruppensituation als auch die Standartsituation, die ich als Zweier-Klein-Gruppe verstehe, als einen interpersonalen Prozeß, an dem Analysand (bzw. Analysanden) wie auch der oder die Analytiker gemeinsam teilhaben.

Auf der Basis des dynamischen Gruppenkonzeptes, das ich Ihnen vorgetragen habe, begreife ich den pathologischen, psychischen Konflikt als eine Störung der Ich-Entwicklung in einer gestörten Gruppe. Es ist also nicht das Individuum, das in seiner Anpassung versagt und krank wird, wir müssen vielmehr die krankmachende Gruppe untersuchen. Diese krankmachende Gruppe können wir begreifen als eine Gruppe, welche erfahrungs- und lernunfähig gegenüber ihren Mitgliedern ist. Raoul Schindler hat z. B. den Prozeß beschrieben, in dessen Verlauf Gruppen in Überinstitutionalisierung ersticken und zu toten Gruppen werden. Und die Untersuchung der Familien von Patienten mit schizophrener Reaktion hat die spezifische Dynamik von erfahrungsunfähigen Gruppen gezeigt, welche ihre schwächsten Mitglieder geradezu in die Verrücktheit treiben. In diesen Gruppen ist der Anpassungsprozeß keine wechselseitige Entwicklung von Ich und Gruppe, sondern ein einseitig bestimmter. Die vitale Balance der beiden Anpassungsmechanismen wird gestört und es kommt zu einer einseitig gerichteten Anpassung nach innen oder nach außen, ein Vorgang, den ich als Überanpassung bezeichne.

Ist der einzelne überangepaßt an die gegebene Gruppe und Gesellschaft, so kommt es zu einer emotionellen Stauung, die jederzeit eine Entladung neurotischer oder sogar psychotischer Natur hervorrufen kann. Kommt es zu einer Überanpassung nach innen, d. h. an die Welt der Gefühle und Phantasien, so führt dies zu einer Isolierung von Gruppe und Gesellschaft, d. h. zu Realitätsverlust.

Die Überanpassung nach innen könnte man auch als Anpassung an die Neurose oder Psychose bezeichnen, während die Überanpassung an die soziale Umwelt als eine Abwehrform besonders einengender Art gegen neurotische Angst aufzufassen ist, eine Verhaltensweise, welche Karl Menninger (1968) als »gesünder als gesund« zu bezeichnen pflegte, und für die Alexander Mitscherlich die treffende Bezeichnung vom »Sozialautomatismus« fand. In der psychoanalytischen Praxis erfahren wir immer wieder, daß gerade nach außen überangepaßte Patienten zu besonders abrupten und gefährlichen Ich-Kontrollverlusten neigen, sobald die Fassade der Überangepaßtheit aus inneren oder äußeren Gründen durchbrochen wird (Ammon 1969f).

In beiden Fällen der einseitigen Anpassung, der Überanpassung nach innen und der Überanpassung nach außen wurde der einzelne in seiner Ich-Entwicklung gehindert und hat eine eigene Identität nicht gefunden.

In diesen Zusammenhang gehört die Beobachtung, daß eine sich verändernde Gesellschaft neue Identitätsformen hervorbringt und daß damit auch die Struktur des vorherrschenden psychischen Konfliktes sich verändern wird. Einen solchen Wandel können wir gegenwärtig beobachten.

Als den zentralen Konflikt, von dessen gelingender oder mißlingender Lösung die seelische Gesundheit abhängt, hat Freud die Ödipus-Situation beschrieben, in welcher der Sohn sich an die Stelle des Vaters, die Tochter sich an die der Mutter setzen will.

Freud hat diesen Konflikt allerdings einseitig beschrieben. Dem Aspekt, welchen er vernachlässigte, kommt aber im Lichte unseres dynamischen Gruppenkonzeptes besondere Bedeutung zu. Der Vatertötung des Sohnes steht in der antiken Überlieferung das Verhalten des Laios gegenüber, welcher alles daran setzt, die Entwicklung seines Sohnes zu verhindern. Er verfügt, aus Angst vor dem Orakel, welches ihm verkündet, daß sein Sohn ihn töten werde, die Aussetzung des Kindes. Die Mutter stimmt zu und überläßt das eigene Kind dem Tode. Ein Fremder bewahrt Ödipus vor diesem Schicksal (Ammon 1970a).

Dieser Zug der antiken Überlieferung formuliert die zerstörerische Dynamik der krankmachenden Familiengruppe, welche die Ich-Entwicklung des Kindes verhindert.

Im klassisch ödipalen Konflikt hat das Kind beinahe alle Phasen seiner Ich-Entwicklung schon durchlaufen. Der Sohn, der seinen Vater töten will, ist schon selbst wie dieser geworden. Die Konfliktform, mit welcher die psychoanalytische Praxis sich heute auseinanderzusetzen hat, ist aber vorwiegend eine vorödipale, resultiert aus einer konfliktuösen Situation in der symbiotischen Mutter-Kind-Beziehung. Die Ich-Entwicklung ist zu dieser Zeit, den ersten drei Lebensjahren, in ihren Anfängen. Eine Störung in dieser frühen Zeit hat schwere Konsequenzen. Das unentwickelte Ich reagiert mit sehr viel stärkerer Aggression auf das seine Entwicklung hemmende Zeit seiner Familiengruppe. Diese Aggression ist häufig so stark, daß sie später eine psychoanalytische Zweierbeziehung sprengt und allein im Rahmen einer Gruppe behandelt werden kann (Ammon 1969b).

Auch die Symptomatik dieses Symbiosekomplexes, wie ich diese Konfliktform nennen möchte, unterscheidet sich von der klassischen Neurose, welche Freud studierte. Der Neurotiker verfügt über eine relativ stabile Ich-Organisation. Außer im neurotischen Symptom lebt er seine Triebwünsche aus in Träumen und Phantasien, deren Interpretation daher lange im Mittelpunkt der analytischen Arbeit stand.

Die auf Grund eines symbiotischen Konfliktes erkrankten Patienten dagegen haben häufig eine so unentwickelte Ich-Organisation, daß ihnen eine solche Verdrängung nicht gelingt. Sie leben ihre inneren Konflikte unter dem Wiederholungszwang traumhaft in ihre Umgebung aus, die ihnen zum Schauplatz ihrer infantilen Auseinandersetzung wird.

Häufig werden durch dieses Ausleben kreative und revolutionäre Vorgänge vorgetäuscht. Solch ein Agieren, dessen Basis nicht ein entwickeltes, die Phantasien integrierendes Ich ist, sondern welches gerade Ausdruck eines unentwickelten Ichs ist, das auf diese Weise irrationale Angst abzuwehren sucht, ist verständlicherweise der Totengräber jeglichen schöpferischen Tuns. Die Wirklichkeit wird nicht erreicht, weil der Rahmen der infantilen Situation, welche immer wieder durch Agieren reproduziert wird, nicht überschritten werden kann, sondern im Gegenteil versucht wird, die ganze Wirklichkeit in das Zwangssystem dieser infantilen Situation zu pressen.

Dem Wandel des Krankheitsbildes liegt meiner Meinung nach ein gesellschaftlicher Wandel zugrunde. Ich meine, daß an die Stelle des übersichtlichen Gerüstes der patriarchalisch organisierten Herrschaft, worin der einzelne sich leicht zurechtfand, auch wenn sein Platz darin ihm nicht behagen mochte, zunehmend ersetzt wird durch ein undurchsichtig antagonistisches System, worin die Lockung des Konsums abwechselt mit der Unterdrückung durch große bürokratische Apparate. Eine gesellschaftliche Situation, welche Identitätsdiffusion beinahe zwangsläufig produziert und damit auch den Wunsch, der Identitätsmühe regressiv zu entgehen.

Der Laios-Komplex der Gesellschaft drückt sich im besonderen auch darin aus, daß sie ihren jungen Mitgliedern die berufliche Identität häufig bis zum dreißigsten Lebensjahr und darüber hinaus verweigert. Wer Psychoanalyse betreiben will, ist meist schon vierzig oder älter, bevor ihm seine Identität zuerkannt und ihm gestattet wird, seinen Beruf in eigener Verantwortung auszuüben. Die infantilisierende Wirkung einer solchen irrational hinausgezögerten Entwicklung liegt auf der Hand. Unsere

Berliner Schule hat daraus die Konsequenz gezogen, und am LFI wird Arbeit und Ausbildung so organisiert, daß unsere Studenten schon in den Zwanzigern zu ihrer beruflichen Identität gelangen können.

Lassen Sie mich, meine Damen und Herren, zurückkehren zu den Konsequenzen, welche das veränderte Konfliktverständnis und das veränderte Konfliktbild für die therapeutische Praxis der Psychoanalyse haben.

Die psychoanalytische Erforschung der Dynamik krankmachender Gruppen führte zur Entwicklung einer psychoanalytischen Gruppenpsychotherapie. So wie es die Gruppe ist, als deren Teil der einzelne krank geworden ist, so ist es die Gruppe, in der er wieder gesundet.

Der ödipale Konflikt, wie Freud ihn beschrieb, bezeichnet die Konfrontation zweier einzelner, Sohn und Vater, Mutter und Tochter. Dieser Konstellation entspricht die Standardsituation, in der sie reproduziert werden, worin sie wiedererlebt und konstruktiv gelöst werden kann.

Der Symbiose-Konflikt ist weniger klar artikuliert. Die Auseinandersetzung mit der Mutter im Rahmen der frühen symbiotischen Beziehung ist Auseinandersetzung mit einer Realität, welche noch unterhalb der patriarchalischen Konfiguration bleibt, welche ebenso wie das Ich des Kindes noch nicht zur Person integriert ist.

In der psychoanalytischen Gruppenpsychotherapie ist es die Gruppe als ganze, die im Zuge des Übertragungsprozesses als Mutter erlebt wird, bzw. als die Familiengruppe, deren erster Repräsentant die Mutter war. Erst eine Gruppe ermöglicht Übertragung auf der Ebene dieser archaischen Mutterbeziehung. Sie übt eine Schutzfunktion aus, welche das Hervortreten und Durcharbeiten von Aggression und Angst erlaubt, welche eine einzeltherapeutische Situation zerstört hätten. Die Gruppenpsychotherapie gibt dem einzelnen Gelegenheit, seine Konflikte und Schwierigkeiten im »Hier und Jetzt« der Gruppendynamik wiederzuerleben und zu korrigieren (Ammon 1970a).

Meine Damen und Herren, bevor ich nun von der psychoanalytischen Praxis im engeren Sinne übergehe zum Problem ihrer Organisation unter den Bedingungen der spätkapitalistischen Gesellschaft, möchte ich die Ergebnisse des bisher Gesagten zusammenfassen.

1. Im Konzept der dynamischen Gruppe erscheint der psychische Konflikt nicht als Ausdruck individuellen Versagens, sondern als das Ergebnis eines pathogenen Gruppenprozesses, an dem der einzelne teilhat.

2. Ziel der Therapie ist es, dem einzelnen in der teilnehmenden Gruppe die Ich-Entwicklung zu ermöglichen und ihn zu befreien von seinen infantilen Ängsten, ihn zu emanzipieren von der irrationalen Angst, von den Fetischen unserer Gesellschaft wie Autorität und Eigentum. Er soll befreit werden von der Überanpassung nach innen ebenso wie von der Überanpassung nach außen. Mit der Gruppe ebenso wie die Gruppe entwickelt er seine eigene Identität.

3. Psychoanalytische Therapie in diesem Sinne ist ein emanzipatorischer Prozeß. Sie befreit den Menschen von den Entfremdungen und Entstellungen seines Selbst. Indem sie ihm zu angstfreier Identität verhilft, schafft sie die unumgängliche Voraussetzung für eine konstruktive Veränderung der krankmachenden Gesellschaft.

4. Eine gesellschaftsverändernde Arbeit kann nach unserem Konzept von Emanzipation nicht betrieben werden von isolierten einzelnen. Diese Arbeit können wir auch nicht erwarten von Organisationen, welche ihre Mitglieder als isolierte einzelne verstehen und verwalten, ebensowenig von Organisationen, welche ihren Mitgliedern die eigene Identität nehmen. Allein in der und durch die dynamische Gruppe ist emanzipatorische Arbeit mit Aussicht auf Erfolg möglich.

Das leitet über zu der Frage, die ich abschließend erörtern möchte. Ist die Psychoanalyse als Organisation eine solche dynamische Gruppe, d. h. sind unsere psychoanalytischen Vereinigungen so organisiert, daß sie das emanzipatorische Programm ihrer Theorie in gesellschaftlich wirksame Praxis übersetzen?

Die Antwort, meine Damen und Herren, lautet nein.

Die Organisation der Psychoanalyse, besonders der deutschen, ist nicht auf der Höhe ihrer Erkenntnisse. Zwar hat Freud mit der Entdeckung der Dynamik des Unbewußten die Basis zu einer Kritik an der bürgerlichen Gesellschaft gelegt – und er hat neben und gegen sein eigenes resignatives Programm diesen revolutionären Kern in der Entfaltung der psychoanalytischen Lehre beibehalten und weiterentwickelt. Zwar hat die psychoanalytische Ich-Psychologie den kritischen Ansatz der

Psychoanalyse konkretisiert, indem sie die Vorstellung vom Anpassungsprozeß differenzierte. Die Konsequenzen aus diesen Ansätzen aber wurden weitgehend nicht gezogen, und wo das geschehen ist, wie in dem dynamischen Gruppenkonzept unserer Berliner Schule, ergab sich ein Gegensatz zur organisierten Psychoanalyse: Ein Gegensatz zwischen der auf der Basis unseres Konzeptes notwendigen Neuorganisation der psychoanalytischen Arbeit und der bürokratischen Erstarrung der bestehenden psychoanalytischen Vereinigung.

Wir meinen, daß die unserem Programm entsprechende gesellschaftliche Praxis die Strategie der befreiten Gebiete sein muß. Zum Beispiel begreifen wir die psychoanalytische Therapie-Gruppe als ein kleines befreites Gebiet. Aber auch die Ausbildung und die Forschung und schließlich die Aktivität in die Gesellschaft hinein verstehen wir als Arbeit im befreiten Gebiet zur Befreiung weiterer Gebiete.

Die Ausbildung soll mit der Gruppenerfahrung beginnen und erst dann in der Einzelanalyse vertieft werden, und das deshalb, weil in einer Gruppe bestehende Abhängigkeitsverhältnisse der dauernden Beobachtung und Kritik zugänglich sind; im Unterschied zur bisher üblichen Lehranalyse, die häufig lebenslange Abhängigkeiten schafft, welche der Kontrolle und Bearbeitung entzogen bleiben. Die Offenheit und Objektivität der Gruppensituation soll aber auch für Praxis und Forschung benutzt werden. Ein einzelner Psychoanalytiker, der nach der Standardmethode arbeitet, behandelt in seinem Leben vielleicht dreißig bis vierzig einzelne, eine Arbeit, deren gesellschaftliche Irrelevanz in dem Augenblick hervortritt, wenn wir uns klarmachen, daß die entscheidenden Gruppenprozesse darin weder bearbeitet noch erforscht werden können.

Mit unserem Berliner Lehr- und Forschungsinstitut für Dynamische Psychiatrie und Gruppendynamik haben wir begonnen, ein befreites Gebiet zu schaffen. Neben der therapeutischen Arbeit und in engstem Zusammenhang mit dieser haben wir Ausbildung und Forschung organisiert, und, als einen Bereich, der alle Aspekte unserer Arbeit zusammenfaßt: den psychoanalytischen Kindergarten. Die Mitarbeiter dieses Instituts, meine Damen und Herren, sind nicht bis zu ihrem vierzigsten Lebensjahr in Abhängigkeit gehaltene Kandidaten der Psychoanalyse, sondern junge Ärzte, Psychologen, Soziologen und Pädagogen in den Zwanzigern. Diese Gruppe ist der Meinung, daß sie sich der gesellschaftlichen Institutionen zwar bedienen, nicht aber an ihnen hängen soll im Sinne einer Identitätsabhängigkeit von bürokratischen Apparaten. Sie gründet ihre eigenen Institutionen, ohne in Überinstitutionalisierung zu ersticken.

Mit der fortschreitenden Entwicklung unserer Arbeit enthüllte sich uns die organisierte Psychoanalyse als eine in ihren Strukturen erstarrte Gruppe, die sich auf den sektiererischen Anspruch konzentriert, im Besitz der reinen Lehre zu sein, und daraus irrationale Herrschaftsansprüche ableitet. Ihre selbstübernommene Verpflichtung zur Pflege und Weiterentwicklung unserer Wissenschaft mißversteht sie als eine Art Denkmalspflege, die Freuds Werk zu einem Dogma erniedrigt. Einer Weiterentwicklung der Psychoanalyse in Theorie und Praxis steht eine solche Organisation nur im Wege, umgekehrt bewirkt sie eine Regression der Theorie. Es mag aus dieser Situation heraus erklärbar sein, daß Alexander Mitscherlich in einem Augenblick, als zum ersten Mal in der Bundesrepublik die Psychoanalyse im Mittelpunkt des öffentlichen Interesses stand, zur Analyse gesellschaftlicher Konflikte die Todestriebspekulation aus dem Fundus psychoanalytischer Irrtümer hervorkramte.

Unsere Berliner Schule hat sich deswegen von der DPV getrennt und hat eine psychoanalytische Akademie gegründet, welche zusammen mit ähnlichen Strömungen in anderen Ländern daran arbeiten wird, das emanzipatorische Programm der Psychoanalyse zu verwirklichen. Das allerdings heißt soziale Verantwortung übernehmen.

VI. Ich-Struktur und Gesellschaft – Zur psychoanalytischen Kulturtheorie

Die Ich-Struktur eines Menschen bildet sich in einem Prozeß, in dessen Verlauf das Individuum und die Gruppe, deren Mitglied es ist, sich über ihre Bedürfnisse verständigen und deren Befriedigung organisieren. Ich-Entwicklung bedeutet fortschreitende Differenzierung der Bedürfnisse und der Kommunikation. Wie man sich über Bedürfnisse verständigt, hängt davon ab, wie man sie befriedigt. Das gilt für die Gattung ebenso wie für das Individuum. Im Prozeß ihrer Geschichte differenziert die Gattung ihre Bindung zur Natur. Sie hat in diesem Prozeß verschiedene Produktionsweisen entwickelt und sich in verschiedenen Produktionsverhältnissen organisiert, und der Geschichte dieser Produktionsweisen und -verhältnisse entspricht eine Geschichte der Bedürfnisse und ihrer Artikulation in Mythen, Religion und Ideologie. In der Geschichte des Individuums wird die Bindung zur Mutter und zur Gruppe differenziert. Auch dieser Prozeß ist eine Geschichte der sich differenzierenden Bedürfnisse und ihrer Organe. Beide Prozesse entwickeln sich in der Dialektik von Natur und Geschichte, von Bindung und befreiender Differenzierung.

Freud hat in seinen metapsychologischen Schriften (1920) die beiden Momente dieses Prozesses als antagonistische Prinzipien formuliert, als Gegensatz von Lustprinzip und Realitätsprinzip, von Trieb und Kultur. Den Prozeß ihrer Interaktion hat er verstanden als die fortschreitende Unterdrückung der Triebnatur durch die kulturellen Systeme. Die psychoanalytische Ich-Psychologie und die psychoanalytische Gruppenforschung haben uns gezeigt, daß die antagonistischen Prinzipien Momente eines dialektischen Prozesses sind. Das biologische Moment dieses Prozesses der Ich-Entwicklung bilden die primär gegebenen autonomen Ich-Funktionen wie Wahrnehmung, Gedächtnis, Affekte, Motorik und die bekannten Phasen der Libido-Entwicklung. Das historisch-soziale Moment dieses Prozesses bildet das Verhalten der Mutter und der umgebenden Gruppe, im weitesten Sinne die Gesellschaft.

Das Neugeborene bildet im Prozeß der Befriedigung seiner

Bedürfnisse eine »Organ-Sprache« aus, welche den Phasen der Libido-Entwicklung entspricht und vermittels derer es mit der Mutter und der Gruppe kommuniziert. In dem Maße, wie diese »Organ-Sprache« sich von ihrer Ursprungssituation emanzipiert und auf andere Situationen angewendet wird, werden ihre Verhaltensweisen als zunehmend autonome Ich-Funktionen integriert. In diesem Sinne begreifen wir den Prozeß der Ich-Entwicklung als die fortschreitende Erweiterung der Ich-Autonomie. Befriedigung der jeweiligen Bedürfnisse, d. h. gelingende Objektbeziehung und gelingende Kommunikation, sind daher Voraussetzung für die Möglichkeit fortschreitender Differenzierung. Für den Prozeß der Ich-Entwicklung hat entscheidendes Gewicht, wie die Gruppe, in deren Medium sie vor sich geht, die Bedürfnisse des Individuums versteht und wie sie ihnen begegnet. Auf die Gesellschaft bezogen heißt das: Wie wird die Befriedigung der gemeinsamen Bedürfnisse organisiert und entspricht das Selbstverständnis der Gesellschaft ihrer Wirklichkeit? Auf die Familiengruppe bezogen heißt das: Über welches Maß an Erfahrungsfähigkeit gegenüber dem Kind verfügt die Gruppe und entspricht ihr tatsächliches Verhalten ihrem Selbstverständnis? Die Kommunikationsebene ist also eine doppelte: Befriedigung und Verständigung über die Befriedigung. Auf jeder dieser Ebenen können Widersprüche auftauchen, kann die Kommunikation abreißen und die Entfaltung der Bedürfnisse und der Ich-Autonomie blockiert werden.

Was gemeint ist, wenn wir sagen, daß die Ich-Entwicklung in der Artikulation von Bedürfnissen stattfindet, durch Selbstverstehen und Verstandenwerden, verdeutlicht die therapeutische Situation der Analyse. Analysand und Analytiker arbeiten gemeinsam daran, die im Zuge der psychischen Erkrankung fremd und unverständlich gewordenen Bedürfnisse des Analysanden zu entziffern, zum Sprechen zu bringen und zu verstehen. Das Phänomen von Übertragung und Gegenübertragung weist darauf hin, daß die Artikulation von Bedürfnissen in einem interpersonalen Prozeß geschieht, in dessen Verlauf festgewordene Bedürfnisformationen in Bewegung geraten und sich verändern. Diese Verflüssigung des Gewordenen – mit Marx könnten wir sagen: Versteinerte Verhältnisse werden zum Tanzen gebracht – kennzeichnet den Kommunikationsprozeß als eine dialektische, als historische Bewegung. Daß dieser Prozeß für die Ich-

Entwicklung ausschlaggebend ist, zeigt sich in dem, was Franz Alexander (1946) die »emotionale Korrektur« genannt hat, nämlich die Erfahrung einer gelingenden Interaktion, welche die Dinge in Bewegung bringt und häufig den Wendepunkt des therapeutischen Prozesses bildet.

Zwei Momente dieses Vorgangs beanspruchen unsere Aufmerksamkeit. Die Artikulation von Bedürfnissen ist die Artikulation von Bindungen. Als Aussprechen der Selbsterfahrung dient die Artikulation des Bedürfnisses der Abgrenzung des Ichs vom Nicht-Ich. Als Artikulation einer Bindung dient das ausgesprochene Bedürfnis der Kommunikation, der Vermittlung dieser Selbsterfahrung mit der Erfahrung anderer. Wir gehen davon aus, daß im Verlaufe einer gelingenden Ich-Entwicklung das Kind die seinen Libido-Phasen entsprechenden Verhaltensweisen als zunehmend autonome Ich-Funktionen integriert. Diese Funktionen werden um so reicher, differenzierter und beweglicher sein, je aufmerksamer und liebevoller die Eltern die Bedürfnissprache des Kindes verstehen und sprechen können. Erikson (1965) fordert daher Erfahrungsfähigkeit der Eltern und meint, daß auch sie sich mit dem Kind entwickeln müssen. Wir haben diesen Prozeß an zwei Familien beobachten können, deren Kinder den psychoanalytischen Kindergarten besuchten. Während die eine Familie das Bild einer von Störungen befallenen Gruppe bot: Selbstmordversuch des Vaters, Hilflosigkeit der Mutter, Abwehr der Zärtlichkeitsbedürfnisse der Kinder und Angst vor jeder Gefühlsäußerung, erschien jedoch das Verhalten der zweiten Familie den gesellschaftlichen Normen konform, wobei diese Konformität der Eltern als Abwehr gegen die Depression und Trennungsangst der Kinder diente. In der Gruppenpsychotherapie gelang es den Eltern der ersten Familie, eigene Gefühle und Bedürfnisse zu äußern und sich zu verständigen. Gefühlshemmungen und Unsicherheit wurden überwunden. Die Mitglieder der zweiten Familie klebten symbiotisch aneinander, konnten die Trennungsangst nicht überwinden und konnten keine Kommunikationsform entwickeln, welche ihnen die Artikulierung ihrer Bedürfnisse ermöglicht hätte.

Die Psychoanalyse diskutiert die beiden Aspekte von Abgrenzung und Kommunikation als das Problem von Frustration und Sublimierung. Erfahrungs- und kommunikationsfähige Eltern erleichtern es dem Kind, die unvermeidlichen Frustrationen und die daraus resultierenden Ängste zu ertragen und sie nicht allein als drohende Vernichtung erleben zu müssen, sondern sie als Ich-Abgrenzung integrieren zu können. Der Rahmen der unvermeidlichen und zur Ich-Abgrenzung nötigen Frustration ist historisch gegeben:

1. durch die erreichten Möglichkeiten der Befriedigung der Primärbedürfnisse,

2. durch die entwickelte Kommunikationsfähigkeit von Mutter, Gruppe und Gesellschaft.

Frustration zu »Erziehungszwecken«, zur Dressur und Kanalisierung »asozialer« Triebe, produziert irrationale Angst, behindert die Ich-Entwicklung und verstümmelt Erfahrungs- und Lernfähigkeit. Denn diese ist eng verknüpft mit der Möglichkeit der Trieberfahrung. Freud selbst weist darauf hin, daß Neugier zunächst immer sexuelle Neugier ist und daß ihr Verbot zu neurotischer Verdummung führt. Nach Winnicott (1969) ist sexuelle Hemmung immer auch Spielhemmung und unterbindet damit die schöpferische Aneignung der Welt. Wir sind der Meinung, daß die entscheidenden Bedürfnisartikulationen und damit das schöpferische Potential eines Menschen vor Eintritt der Latenzperiode entwickelt werden. Diese dient nur noch der kulturellen Dressur und Kanalisierung des vorher Erworbenen. Freud (1904) begriff diese Disziplinierung für den Lebenskampf in der Konkurrenzgesellschaft als den eigentlichen kulturellen Lernprozeß. Für ihn war Triebverzicht und -unterdrückung die Basis der Kultur, und die Latenzzeit begriff er als eine Art biologischer Garantie der Kulturfähigkeit des Menschen. Während dieser Zeit werden unter dem Druck des ödipalen Über-Ichs die kulturellen Dämme des Scham-, Ekel- und Schuldgefühls aufgebaut, welche den Triebregungen entgegengesetzt werden und diese vom ursprünglichen Ziel ablenken und auf »höhere«, d. h. kulturell erlaubte oder gebotene Ziele richten. Freud bezeichnet dieses Triebschicksal als Sublimierung. Das Ich wird konzipiert als eine vermittelnde, wenn auch recht hilflose Instanz in dem Konflikt zwischen Triebwunsch und Kulturforderung. Es ist selbst Ergebnis dieses Konflikts. Seine Aufgabe ist es, aus dem Katalog der vom Über-Ich repräsentierten Kulturforderungen diejenigen auszuwählen, welche mit dem Triebwunsch als Kulturangebot (Rollenangebot) zu korrespondieren vermögen und beide durch eine Aktion wirksam miteinander zu verbinden. In diesem Sinne ist Sublimierung als Ich-Funktion konzipiert. Sie dient der Anpassung an eine gegebene kulturelle Umwelt. Die psychoanalytische Ich-Psychologie hat mit dem Anpassungsbegriff auch die Vorstellung von der Sublimierung differenziert. Hartmann (1960) entwickelte das Konzept einer »nichtkonfliktuösen Entwicklung« der Ich-Funktionen auf einer Basis primär gegebener autonomer Ich-Apparate. Die Funktionen der »konfliktfreien Ich-Sphäre« bilden danach einen aktiven aber unabhängigen Faktor des Konfliktes zwischen Triebwunsch und Kultur. Anpassung wird aktivisch verstanden als ein Prozeß der wechselseitigen Auseinandersetzung zwischen Ich und Umwelt. Neben das Triebschicksal eines Zielwechsels (Sublimierung) tritt in diesem Konzept das Triebschicksal einer Neutralisierung der Triebenergie durch Besetzung von Ich-Funktionen.

Hartmann (1956) unterscheidet den »Lustcharakter einer Aktivität« von dem »Lustcharakter ihres Zieles« und nimmt an, daß den verschiedenen Ich-Funktionen ein Kontinuum von Energie entspricht »von der rein triebhaften zu der völlig neutralisierten Art«. Der Grad der Neutralisierung der Energie, mit der eine Ich-Funktion arbeitet, sei ein Maß für die gewonnene Autonomie.

Die Konzepte von Sublimierung und Neutralisierung geben Antwort auf die Frage: Wie ist Triebbefriedigung möglich in einer Kultur, die auf dem Zwang zu Triebverzicht und Triebunterdrückung beruht? Beiden Antworten, der Verschiebung des Triebziels in der Sublimierung ebenso wie der neutralisierenden Übertragung der Triebenergie auf die Ich-Funktionen ist die Voraussetzung gemeinsam, daß Triebunterdrückung nicht nur Tatsache, sondern auch notwendig sei. Sublimierung und Neutralisierung sind daher als Mechanismen konzipiert, welche die Triebe unschädlich machen. Das »Triebhafte« an ihnen soll durch Kanalisierung bzw. Transformation »aufgezehrt« werden. Auch die ich-psychologischen Konzepte, welche die synthetische Aktivität des Ichs betonen, verstehen die Integrationsmechanismen als Triebunterdrückung bzw. Sublimierung. Alexander (1946) meint, daß »ein Impuls, wann immer er in isolierter Art und Weise als Selbstzweck ausgeführt wird, einen erotischen oder sexuellen Charakter annimmt. Wenn derselbe Impuls dagegen anderen Zwecksetzungen untergeordnet und ein integraler Teil dessen wird, was French eine Zielstruktur nennt, verliert er seinen sexuellen Charakter.« Diese Unterordnung von Triebimpulsen unter Ich-Ziele begreift er als Sublimierung. Ihr Ergebnis ist, »was man Ich-Triebe oder Charakterzüge zu nennen pflegt«.

Die Anwendung des zentralen Begriffes der Sublimierung auf die psychoanalytische Praxis hat sich als wenig hilfreich erwiesen. Als gelingender Abwehrmechanismus, der »mehr dem Studium der Normalität als dem der Neurose angehört« (Anna Freud, 1936), ist seine Anwendung auf die Pathologie problematisch. L. Kubie (1962) meint, es gebe keinen Beweis dafür, daß »die unbewußten Wurzeln eines neuroseerzeugenden Konflikts geändert oder der unbewußte Konflikt je beseitigt werden können, wenn sie in einer Form ausgedrückt worden sind, die zufälligerweise von der Gesellschaft als wertvoll, nützlich, schöpferisch oder schön betrachtet wird.« Bei sogenanntem sublimierten Verhalten handele es sich um von der Gesellschaft sanktionierte Verhaltensweisen, abgesehen von der Frage, inwieweit ihre Ursachen neurotisch sind. Belohnung oder Strafe der Gruppe können an sich die unbewußten Konflikte nicht ändern, im Gegenteil, eine von der Gesellschaft für nützlich gehaltene Ausdrucksform kann den Widerstand gegen jeden Versuch, die unbewußten neuroseerzeugenden Konflikte zu ändern, intensivieren.

Freuds Paradebeispiel für die Sublimierung ist die künstlerische Produktion. Die Erforschung der Trieb- und Ich-Struktur von Künstlern und ähnlich produktiven Menschen hat jedoch gezeigt, daß schöpferische Arbeit als Sublimierung nicht begriffen werden kann. »Nicht das Freisein von neurotischen Störungen und das Überwiegen sublimativer Triebregelung scheint für Künstler eigentümlich, sondern eine bestimmte größere Offenheit gegenüber dem Unbewußten«, sagt Fürstenau (1967) und zitiert Kris (1952), der in der Fähigkeit zu »Regression im Dienste des Ichs« die Wurzel schöpferischer Arbeit sieht. Bei meiner Arbeit mit schöpferischen Persönlichkeiten habe ich feststellen können, daß der schöpferische Akt im besonderen Bewußtseinsverhältnis zu einem Ich-Zustand steht, den ich tertiären Denkprozeß nennen und nicht mit Kris unter dem negativen Zeichen der Regression betrachten möchte. Bei diesen Persönlichkeiten fand sich keineswegs die Symptomatik der Sublimation; vielmehr zeichnete sich deren Lebensstil durch Unkonventionalität und sexuelle Differenzierung aus. In der Kindheit wurden ihrer sexuellen Neugierde und ihrem konstruktiven ad gredi keine unnötigen Grenzen gesetzt. In einer Diskussion am BPI (Sommer 1968) vertrat Kurt Eissler erstaunlicherweise immer noch die alte in seinem Goethe-Buch schon vertretene Ansicht über die Psychopathologie der schöpferischen Persönlichkeit. Eissler betonte auch die Notwendigkeit der schöpferischen Abstinenz während des psychoanalytischen Prozesses, um dadurch Strukturveränderungen herbeizuführen. Wir würden eher meinen, daß sich der Psychoanalytiker hier wie ein unterdrükkender Vater oder eine ängstliche Mutter verhält, die das schöpferische ad gredi verhindern.

Fürstenau, trotz seiner ausführlichen Darstellung der verschiedenen kritischen Argumente gegen den Sublimierungsbegriff, will ihn dennoch beibehalten. Sublimierung ist für ihn nicht mehr Ausdruck gelingender Normalität, sondern denunziert die »vermeintliche Normalität« der »unauffälligen Neurose«. In dieser »negativen, desillusionierenden Anwendung« behalte der Begriff »eine zentrale Funktion innerhalb der psychoanalytischen Theorie und Praxis«. Wir meinen aber, daß die negative Funktion nicht dem Begriff selbst zukommt, sondern der Kritik an ihm, die ihn als nutzlos und unanwendbar entlarvt. Die logische Konsequenz scheint uns, mit Kubie ganz auf den Sublimierungsbegriff zu verzichten.

Bei der Sublimierung handelt es sich um eine Abwehrform, mittels derer der Mensch eine »soziale Nische« für seine Pathologie findet. Diesen Zustand, in dem sich der Mensch durch seine Anpassung an die sozialen Werte abgeschirmt fühlt, hat Karl Menninger (1967) mit dem Ausdruck »gesünder als gesund« beschrieben. Ich habe ihn an einer anderen Stelle als »Überanpassung nach außen« bezeichnet und gezeigt, daß hinter dieser Fassade der Angepaßtheit oft eine pathologische Persönlichkeitsstruktur verborgen ist, die gelegentlich die Fassade zersprengt und destruktiv agiert (Ammon 1969f).

Schöpferische Arbeit ist dagegen Ausdruck einer erweiterten Ich-Autonomie und Ergebnis einer schuldfreien Entwicklung. Wir meinen daher, daß Triebunterdrückung nicht Voraussetzung, sondern Fessel der Ich-Entwicklung ist. Wir stoßen hier auf die Frage nach dem Über-Ich, das bei pathologisch verlaufender Entwicklung die Ausbildung der Ich-Funktion einengt und behindert, deren Tätigkeit feindselig unterdrückt. Entstehung und Rolle des Über-Ichs sind weitgehend ungeklärt und die psychologische Forschung hat einander widersprechende Vermutungen darüber angestellt. Wir können vielleicht allgemein sagen, daß das Über-Ich diejenige Instanz ist, welche die allgemeinen Einstellungen einer Gruppe zu ihren und ihrer Mitglieder Lebensprozesse formuliert. Wenn wir mit Rapaport (1967) annehmen, daß sich das Über-Ich gemeinsam mit dem Ich in der Phase der beginnenden psychischen Differenzierung bildet, also in der ersten Auseinandersetzung mit den Triebregungen, dann können wir sagen, daß das Über-Ich verglichen mit dem sich entwickelnden Ich eine archaische Organisation darstellt, die aber von großer Wichtigkeit insofern ist, als sie entweder die Triebwirklichkeit anerkennen oder aber sie verleugnen kann. In dem einen Fall wird das Über-Ich Erfahrung und Ich-Entwicklung ermöglichen, im anderen Fall wird es beide erheblich beeinträchtigen.

Eltern, welche selbst ein strenges triebfeindliches Über-Ich und ein nur schwach entwickeltes Ich haben, werden den Bedürfnisartikulationen ihrer Kinder feindlich gegenüberstehen. Ihr schwaches, unabgegrenztes Ich wird sich durch die infantilen Triebregungen bedroht fühlen, und sie werden in den Kindern ihre eigenen Bedürfnisse verfolgen und unterdrücken. Diese Identifikation mit dem Aggressor ist eine schwere Beschädigung des Ichs, und Kinder, welche als die früheste Minderheit und stellvertretend für alle anderen auf diese Weise verfolgt werden, können keine eigene Ich-Unabhängigkeit entwickeln. Ihre dahingehenden Versuche werden sie mit schwerer Angst und Schuldgefühlen bezahlen müssen.

Beide Charaktere, die aus solcher Situation hervorgehen, der »Untertan« ebenso wie der »Revoluzzer« werden ihre eigenen Ansprüche nicht ohne Schuldgefühl anmelden können. Der Untertan wird sich unterwerfen, sich mit dem Aggressor identifizieren und dadurch Schutz gewinnen vor seinen eigenen Emanzipationswünschen, die er im anderen verfolgen lernt. Der Revoluzzer kämpft für ein Recht, von dem er nicht überzeugt ist, daß es ihm wirklich zusteht, sondern welches er gegen unbewußte Schuldangst sich dauernd ertrotzen muß. Beide können mit ihrem Ich-feindlichen Über-Ich nicht kooperieren und erfahren keine Unterstützung wie etwa Luther, der sagt: »Hier stehe ich, ich kann nicht anders, Gott helfe mir!« und sich mit seinem Über-Ich verbündet. Diese Problematik scheint uns auch eine wahrhaft obsolete Auseinandersetzung innerhalb der Linken zu bestimmen, welche in einigen ihrer Gruppen ihren Mitgliedern die Ich-Entwicklung verbieten und wie Lutz von Werder (1969) sagen will, Ziel der persönlichen Entwicklung dürfe nicht die Ich-Autonomie sein, sondern das Klassenbewußtsein. Die revolutionäre Geste drapiert hier die lebensfeindliche Über-Ich-Organisation des verrotteten Bürgertums, wie es im Faschismus seine historische Gestalt gewonnen hat. In Wahrheit kann revolutionäres Bewußtsein nur dann schöpferisch sich entfalten und organisieren, wenn es basiert auf Ich-Identität und Kommunikationsfähigkeit, ja, es ist mit diesen identisch. Gruppen, welche die Emanzipation ihrer Mitglieder zur Ich-Identität als Gefahr für ihren eigenen Zusammenhalt erfahren, können selbst weder emanzipatorisch arbeiten, noch eine eigene Gruppenidentität entwickeln und sich zur handlungsfähigen Gruppe integrieren. Das falsch verstandene Klassenbewußtsein hat hier Über-Ich-Funktion nicht in dem Sinne, wie Freud es beschrieben hat als Repräsentanz eines relativ klar definierten gesellschaftlichen Rollensystems, in dessen Rahmen eine wie auch immer begrenzte Ich-Entwicklung möglich ist, sondern als eine Instanz, welche Ich-Entwicklung überhaupt arretiert.

Für Freud war die Ödipus-Situation die entscheidende Phase der Über-Ich-Entwicklung. Der Sohn, der seinen Vater töten wollte, wird nun selbst wie dieser, indem er die väterlichen Gebote und Verbote internalisiert. Auf diese Weise ist er in der Lage, den gesellschaftlichen Rollenerwartungen nach Maßgabe seiner Möglichkeiten zu entsprechen.

In unserem Zusammenhang ist dabei wichtig, daß die Ich-Entwicklung des Menschen zu dieser Zeit in ihren entscheidenden Zügen bereits abgeschlossen ist. Auch der Neurotiker, bei dem die Auflösung des Ödipus-Komplexes mißlingt, besitzt eine relativ stabile Ich-Organisation, die ihn befähigt, den gesellschaftlichen Anforderungen gerecht zu werden und seine ungelösten psychischen Konflikte auf seine Träume und seine Symptome zu begrenzen.

In neuerer Zeit ist jedoch ein allgemeiner Wandel des vorherrschenden Krankheitsbildes zu beobachten. Die klassische Neurose tritt in den Hintergrund und an ihre Stelle treten Reaktionen, welche in der ordinären Terminologie als psychotisch bezeichnet werden. Nicht in Träumen und Symptomen werden die psychischen Konflikte ausgelegt, sondern das Ausagieren findet traumhaft in die Realsituation hinein statt, und die Auseinandersetzung mit den irrationalen Ängsten und Bedürfnissen wird nicht länger auf eine psychische Provinz beschränkt. Dieser Wandel im Krankheitsbild drückt sich in der Traumstruktur der Patienten aus. Am Anfang der Behandlung enthalten die Träume nur Tagesreste und sie ähneln den von Freud beschriebenen »Kinderträumen«. Im Laufe der Analyse und mit der Erweiterung der Ich-Struktur konnten die Patienten »richtige« Träume, »Träume des Unbewußten« haben.

Das Ich dieser Patienten hat die ödipale Stabilität nicht erreicht, die ausgelebten Konflikte sind präödipaler Natur, stammen aus der Zeit der symbiotischen Beziehung zur Mutter. Konfliktverursachend ist dabei eine Haltung der Mutter, welche dem Kind eigene Identität nicht zu gestatten vermag, entweder wie eine Glucke daraufsitzt oder aber es von sich stößt, das Kind mit dem Bade ausschüttet. Beide Verhaltensweisen sind meist miteinander verbunden, und das Emanzipationsverbot wechselt ab mit einer Haltung, welche das Kind einer Überemanzipation im Sinne von Bindungslosigkeit und -unfähigkeit preisgibt.

Dieser Struktur der pathogenen Situation entspricht die Symptomatik der Symbiosekranken. Von einer eigentlichen Über-Ich-Entwicklung kann man nicht sprechen. Vielmehr hängen diese Kranken mit symbiotischem Sog sich an immer neue Über-Ich-Gestalten, und der Zustand der Ich-Losigkeit erscheint ihnen als eine Art regressiver Utopie. Der Prozeß der Abgrenzung dagegen wird mit Todesangst erfahren, die dann als Destruktion aller Beziehungen, auch der zu sich selbst, abgewehrt wird.

Als eine wichtige Ich-Funktion erkennen wir die konstruktive Aggression im Sinne des lateinischen ad gredi. Destruktives Verhalten begreifen wir als Pathologie dieser Ich-Funktion. Sie wird hervorgerufen durch eine erfahrungsunfähige Mutter und Gruppe, welche den Triebregungen und Bedürfnissen des Kindes verständnislos oder feindselig begegnen und dem Kind die Entwicklung zu eigener Identität verbieten, eine Situation, auf die wir bei der Erforschung der sogenannten schizophrenogenetischen Familiengruppen immer wieder stoßen.

Wichtigstes pathogenes Moment ist hier der Widerspruch zwischen dem tatsächlichen Verhalten der Familie und dem Selbstverständnis, das sie davon hat. Bateson und andere (1969) haben das als die »double-bind-Situation« beschrieben, die definiert wird durch das Zerreißen des Kommunikationsprozesses in antagonistische Gegensätze, z. B. einander ausschließende Forderungen der Eltern bei gleichzeitiger Unmöglichkeit für das Kind, die Situation zu erfassen. Eine mehr oder weniger ausgeprägte Dysfunktion des Ichs in seinen verschiedenen Aspekten ist die Folge. Derartige Situationen entstehen massenhaft in einer Gesellschaft, deren Selbstverständnis in eklatantem Widerspruch zu ihrer tatsächlichen Praxis steht, wie das bei der unseren der Fall ist.

Eine Gesellschaft, welche von sich behauptet, das Emanzipationsversprechen der bürgerlichen Revolution zu realisieren, zugleich aber auf der Basis von Triebangst und Schuldgefühl sich organisiert, welche die allseitige Kommunikation freier Individuen entwickeln will, aber auf Isolation und Ausbeutung statt auf Solidarität und Kooperation beruht, eine solche Gesellschaft verstümmelt nicht nur die Triebstruktur ihrer Mitglieder, sie macht es ihnen auch zunehmend unmöglich, mit dem eigenen Leid auch die eigenen Bedürfnisse zu erkennen, d. h. sie verhindert die Entwicklung von Ich-Identität. Sie gründet ihre Organisation auf der Annahme, daß die Triebe primär asozial seien und behauptet zugleich, die Menschen seien von Natur aus gut. Durch ihre tatsächliche Praxis bringt sie die postulierte Asozialität ebenso systematisch hervor, wie die traditionelle Psychiatrie in ihren Kliniken die ihrer Praxis entsprechenden Krankheitsbilder produziert.

Die Frage nach der Triebstruktur greift in diesem Zusammenhang zu kurz, und die bloße Forderung nach Triebbefreiung geht am Problem vorbei. Es ist nicht das Problem, zwei antagonistische Triebe auszusöhnen oder zu domestizieren, sondern es dem Kind auf der Basis der Befriedigung seiner Primärbedürfnisse zu ermöglichen, seine biologisch gegebenen Ich-Apparate zu einer Ich-Organisation hin zu entwickeln, die der jeweils bestehenden gesellschaftlichen Realität und ihren Möglichkeiten entspricht. Eine mißlungene Ich-Entwicklung liegt unseres Erachtens nicht erst dann vor, wenn ihre Ergebnisse offen pathologische Formen aufweisen, sondern schon dann, wenn die Differenzierung der Ich-Organisation hinter dem objektiv Möglichen zurückbleibt. (Zum Beispiel autoritäre, auf Isolation oder unkritische Gemeinsamkeit hinzielende Ich-Strukturen in einer gesellschaftlichen Situation, die in wachsendem Maße Kommunikations- und Gruppenfähigkeit verlangt. Hierher gehört auch die unauffällige Neurose der Sublimierung.)

Ich-Entwicklung erfolgt unter spezifischen historischen Bedingungen, und ihr Ziel, die Ich-Identität, ist eine historische Aufgabe für das Individuum ebenso wie für die Gruppe und die Gesellschaft. Umweltplanung als Planung gelingender Kommunikation hat hier ihren Platz. Auf der einen Seite müssen wir das, was immer noch Erziehung genannt wird, als wirklichen Emanzipationsprozeß ermöglichen, auf der anderen Seite müssen wir uns fragen, ob das gesellschaftlich entscheidende Kommunikationssystem, nämlich die Art und Weise wie die lebensnotwendigen Güter produziert und verteilt werden, unseren Bedürfnissen noch entspricht.

VII. Schicksale von Aggression und die emanzipatorische Funktion der Entwicklung von Ich-Autonomie in der psychotherapeutischen Gruppe

Ich möchte mich im folgenden mit dem Zusammenhang der Aggressionsschicksale und der Ich-Entwicklung in der therapeutischen Gruppe beschäftigen. Gestatten Sie mir daher einige einleitende Bemerkungen darüber, was ich unter Ich-Entwicklung und Aggression verstehe, und wie ich die therapeutische Situation der Gruppe begreife.

Das Ziel der therapeutischen Arbeit, wie ich sie verstehe und zu organisieren versuche, ist die Ich-Autonomie des Patienten. Im Verlauf des therapeutischen Prozesses soll ihm geholfen werden, sich aus dem mitgeschleppten Gefängnis seiner unbewußt gewordenen Konfliktsituation zu befreien, soll er unterstützt werden bei der fortschreitenden Erweiterung seiner autonomen Ich-Tätigkeiten, soll ihm ermöglicht werden, leben, lieben und arbeiten zu lernen.

Wir beschreiben damit die therapeutische Situation als die eines Bündnisses zwischen dem Patienten und seinem Therapeuten.

Das Instrument der psychoanalytischen Therapie ist die Rekonstruktion der ursprünglichen Konfliktsituation durch die lebendige Erinnerung in der Übertragung. Die therapeutische Situation stellt in diesem Zusammenhang sich dar als ein Konflikt zwischen dem Patienten und dem Therapeuten, und die therapeutische Arbeit können wir daher auch beschreiben als eine aggressive Auseinandersetzung.

Es leuchtet ein, daß wir diese beiden Aspekte der therapeutischen Situation, nämlich Bündnis und zugleich aggressive Auseinandersetzung zu sein, nicht voneinander isolieren dürfen. Denn ein Bündnis, welches den Konflikt nicht erlaubt, wird nicht arbeitsfähig sein, und ein Konflikt, welcher das Bündnis zerstört oder gar nicht erst zustande kommen läßt, kann nicht bearbeitet werden. Für das Gelingen des therapeutischen Prozesses ist daher von entscheidender Wichtigkeit, daß einerseits das Bündnis zwischen Patient und Therapeut konfliktfähig bleibt und daß andererseits die Konflikte bündnisfähig werden. Das soll heißen, daß die beiden Kräfte der therapeutischen Auseinandersetzung, die destruktive Dynamik des unbewußten Konfliktes und die konstruktive Dynamik des therapeutischen Bündnisses, die Krankheitspartei und die Gesundheitspartei, nicht aufhören dürfen zu kommunizieren oder besser, sich um Kommunikation zu bemühen.

Denn die Aufgabe, welche im therapeutischen Prozeß gelöst werden soll, ist gerade, diese Kommunikation zu ermöglichen und durch einen Zusammenhang von Verstehen und Verstandenwerden die therapeutische Situation zu begründen.

Ich habe an anderer Stelle ausgeführt, daß die Ich-Entwicklung stattfindet in einem Prozeß, in dessen Verlauf die ursprüngliche Bindung des Individuums an die Mutter und die Gruppe, deren Mitglied es ist, zunehmend differenzierter wird, und daß diese fortschreitende Differenzierung sich im Medium einer kontinuierlichen Kommunikation zwischen dem Individuum, der Mutter und der Gruppe vollzieht. Die nachholende Ich-Entwicklung, oder besser, das Wiederaufnehmen der Ich-Entwicklung in der therapeutischen Gruppe sieht sich mit dem folgenden Problem konfrontiert, das auch die Themenstellung dieser Ausführungen bestimmt:

Die Ich-Entwicklung des Patienten ist nicht einfach irgendwo abgebrochen, sie wurde blockiert durch ein Erfahrungs- und Kommunikationsverbot, dessen Repräsentanten die Reaktionsbildungen der Angst- und Schuldgefühle sind, welche die psychische Krankheit begleiten. Angst- und Schuldgefühle sind immer Ergebnis von Trieb- und Ich-Unterdrückung, sind Anzeichen dafür, daß Ich-Entwicklung nicht gefördert, sondern verhindert wurde. Angst- und Schuldgefühl blockieren die Kommunikation nach innen, mit den eigenen Bedürfnissen und Triebwünschen, wie die Kommunikation nach außen, mit den Bedürfnissen der anderen. Die Verkrüppelung der Ich-Tätigkeit, welche auf diese Weise erfolgt, ist regelmäßig verbunden mit Äußerungen von Destruktion. Wenn wir untersuchen, was denn eigentlich zerstört wird durch destruktive Aktionen, die sich nach innen und außen richten können, dann werden wir finden, daß es immer ein Kommunikationszusammenhang ist, welcher durch die Destruktion verhindert oder vernichtet wird. Der Kommunikationsversuch der therapeutischen Gruppe muß sich daher ständig auseinandersetzen mit destruktiven Äußerungen, welche die Verständigung unmöglich zu machen drohen und erst übersetzt werden müssen, um in den Verständigungszusammenhang der therapeutischen Situation aufgenommen und in die Ich-Entwicklung integriert werden zu können. Wir stoßen hier auf eine entscheidende Frage:

Wenn Destruktion Kommunikationszusammenhänge zerstört bzw. ihr Nichtzustandekommen signalisiert, dann ist es wichtig, wie wir Destruktion verstehen sollen, denn ohne sie zu verstehen, wird es unmöglich sein, sie zu übersetzen.

Destruktion und Aggression sind nicht dasselbe. Zwar sehen einige orthodoxe Analytiker, wie z. B. Alexander Mitscherlich, in ihnen Äußerungen eines Triebes zu Tod und Zerstörung, welcher dem Individuum innewohnt, der unterdrückt, »gemischt« und »sublimiert« werden muß. Sie folgen damit einigen späteren Äußerungen Freuds, die dieser selbst als Mythologiebildung bezeichnete und die nie in den Kanon der psychoanalytischen Lehre aufgenommen wurden.

Wir können uns der Todestrieblehre nicht anschließen. Alle klinische Beobachtung spricht gegen sie, und in der therapeutischen Praxis hat sie sich nicht als hilfreich, sondern als Hindernis erwiesen. Ich begreife Aggression als eine Ich-Funktion, welche als das Draufzugehen, eine Verbindung herstellen, im Sinne des ad gredi das Medium der Kommunikation darstellt, nämlich die Zentrale *Aktion* des Ichs, welche Auseinandersetzung und Verständigung, Vereinigung und Differenzierung allererst ermöglicht, d. h. aber die Ich-Entwicklung (1969e).

Destruktive Aggression verstehe ich als eine Pathologie dieser Ich-Funktion, hervorgerufen durch Unterdrückung oder Erfahrungsunfähigkeit seitens der Eltern. Zur Genese der destruktiven Aggression hat unsere Forschung in therapeutischen Gruppen und in der Gruppe unseres psychoanalytischen Kindergartens reiches Material zutage gefördert (1969d). Einiges davon wird noch zur Sprache kommen. Hier, im systematischen Zusammenhang, mag die folgende Bemerkung genügen:

Die Bewegung des Hinzugehens auf Dinge und Menschen, als welche wir die Ich-Funktion der Aggression begreifen, ist auch eine Bewegung weg von etwas oder jemand. Diese Aktion nämlich differenziert die Bindung zur Mutter und zur Gruppe. Spitz und Erikson haben das beschrieben (1969a). Die Differenzierung ist eine doppelte, denn mit der Entwicklung des ad gredi löst sich das Kind nicht allein von der Mutter, es wendet sich ihr auch zu. Beide Aspekte können Anlaß geben zu seiner Unterdrückung. Es kann die Loslösung vom ursprünglich einzigen Objekt, der Mutter, gefürchtet werden, ebenso aber auch die Zuwendung zu ihr in einem sich immer deutlicher artikulierenden Zweierverhältnis, welches die Mutter aufgrund von Sexualangst nicht zu ertragen vermag und abwehrt.

Aus welchem Grunde auch immer die Entwicklung des kindlichen ad gredi verhindert wird – oft wird beides zugleich gefürchtet, die Nähe des Kindes ebenso wie sein Versuch, sich daraus zu befreien –, an die Stelle der fortschreitenden Differenzierung der Bindung zu Mutter und Gruppe, an die Stelle der damit verbundenen Vertiefung und Bereicherung des Verhältnisses, tritt die Entdifferenzierung und die Verödung der Beziehung im symbiotischen Konflikt. Denn mit dem Verbot der Aggression werden Aktion und Bewegung überhaupt verboten und wird die Ich-Entwicklung arretiert. Entweder soll die Zeit der ursprünglichen Symbiose stehenbleiben, weil die Mutter Angst hat vor der Trennung und dem neuen Kontakt, oder aber sie muß stehenbleiben, weil die Mutter bei der Bewegung nicht hilft. Im ersten Fall wird das Kind nicht losgelassen, im zweiten Fall reicht die Mutter ihm nicht die Hand. Häufig geht beides durcheinander. Der sich entwickelnde Kommunikationszusammenhang wird dann zerrissen, und unverbunden stehen sich gegenüber die beiden Pole des symbiotischen Konflikts: Bindungssucht, welche sich aktiv nicht zu artikulieren vermag und in der therapeutischen Situation als symbiotischer Sog erscheint, und Bindungsunfähigkeit, welche sich ausdrückt in destruktiver Aktivität.

Die Genese destruktiver Aggression, deren systematischen Zusammenhang ich anzudeuten versucht habe, läßt uns deutlicher erkennen, was sie betreibt. Wir müssen uns fragen, ob sie nicht, wie die moderne Schizophrenieforschung vermuten läßt, am besten begriffen werden kann als Identifikation mit einer elterlichen Haltung und einer Familienorganisation, welche auf Nichtkommunikation beruht, etwa in dem Sinne, daß die Praxis der betreffenden Gruppe in antagonistischem Widerspruch steht zu ihrem Selbstverständnis, so daß zwischen beidem ein sinnvoller Zusammenhang sich nicht herstellen läßt (1969c).

Destruktion wäre dann Ausdruck der Bindungsunfähigkeit, ein zwanghaftes Vermeiden von Kommunikation. Auch diese Vermeidung von Kommunikation aber enthält eine Mitteilung. Sie lautet: Kommunikation erlebe ich als eine Vereinigung, welche die Kommunizierenden zu zerstören droht. Deshalb versuche ich, sie zu vermeiden. Was vermieden wird, wird andererseits jedoch gewünscht, und mit dem Aspekt der Auflösung, der grenzenlosen Vereinigung und Vermischung, artikuliert die destruktive Aktion oder Phantasie auch den anderen Pol des Konflikts, die Bindungssucht.

Indem wir die destruktive Aggression begreifen als die pathologische Form der Ich-Funktion des ad gredi, welche die Kommunikation vermittelt, haben wir die Basis gewonnen für das therapeutische Projekt der Übersetzung. Denn die gesunde und die pathologische Form der Aggression formulieren zwar verschiedene Situationen, sie dienen jedoch beide der Kommunikation, wenn auch die pathologische Aggression immer nur das eine mitteilt, daß Kommunikation und Zerstörung dasselbe seien.

Die bisherigen Überlegungen haben uns zu einer vorläufigen Klärung unserer Fragestellung verholfen:

Wir wollen uns beschäftigen mit den Schicksalen von Aggression. Wir begreifen diese Schicksale nicht als die eines Triebes, der gemildert werden muß, sondern als Schicksale einer Ich-Funktion, welche erkannt werden müssen als Indikatoren jeweils spezifischer pathogener Situationen. Wir nennen diese Ich-Funktion die zentrale, weil sie mit der Herstellung von Kommunikation die Ich-Entwicklung erst ermöglicht.

In der Therapie stehen wir vor der Aufgabe, die konstruktive Aggression mit der Destruktion in einen Verstehenszusammenhang zu bringen, der es ermöglicht, Destruktion in konstruktive Arbeit zu übersetzen. Die therapeutische Situation, in deren Rahmen das geschehen soll, wird folgende Bedingungen erfüllen müssen:

1. Sie muß die Spannung zwischen konstruktiver Aggression und Destruktion aushalten, zwischen der Notwendigkeit zu kommunizieren und dem Zwang, die pathogenen Konflikte wiederzuerleben.

2. Sie soll diese Spannung sichtbar werden lassen, damit sie erkannt werden kann.

3. Sie soll diese Spannung bearbeiten und sie allmählich auflösen durch den therapeutischen Prozeß der Übersetzung.

Die psychoanalytische Gruppenpsychotherapie hat mit ihren Gruppen eine therapeutische Situation entwickelt, welche diesen Anforderungen optimal zu genügen vermag.

1. Die therapeutische Gruppe verträgt ein höheres Maß an destruktiver Aggression als jede andere therapeutische Situation. Und dies deshalb, weil Übertragung und Gegenübertragung in ihr nicht, wie in der Standardsituation, auf zwei Personen sich konzentrieren, sondern sich auf alle Gruppenmitglieder verteilen. Die Sprengkraft der Destruktion wird auf diese Weise ebenso gemildert wie der symbiotische Sog, die Gruppe zerfällt weniger leicht als die Standardsituation, sie entgeht auch eher dem Immobilismus des Zusammenklebens (1969g).

2. In der therapeutischen Gruppe wird Spannung zwischen der konstruktiven Aggression des therapeutischen Bündnisses und der destruktiven Dynamik nicht nur beweglicher, sondern auch deutlicher. Die Formulierung der Krankheitspartei und der Gesundheitspartei und ihre Auseinandersetzung können im Hier und Jetzt der Gruppe von allen Teilnehmern beobachtet werden.

3. Indem die therapeutische Gruppe ihre Interaktionen als Geflecht von Übertragung und Gegenübertragung erkennen lernt und mit zunehmender Differenzierung interpretiert, realisiert sie das therapeutische Projekt der nachholenden Ich-Entwicklung durch die allmähliche Übersetzung der destruktiven Dynamik in konstruktive Aktion.

4. Ein Punkt soll besonders hervorgehoben werden: Am therapeutischen Prozeß der Gruppe können auch die Mitglieder partizipieren, deren Ich-Entwicklung so schwach ist, daß sie ihre Widerstandsformation nicht aufzulösen wagen, weil sie die völlige Desintegration ihrer Psyche fürchten müssen. Diese Patienten, deren abwehrendes Schweigen in der Standardsituation nur schwer aufgelöst werden könnte, und wenn, dann häufig um den Preis einer offen psychotischen Reaktion, welche wiederum die Standardsituation kontraindiziert erscheinen läßt, diese Patienten können in der Gruppe durch Beobachtung und Zuhören am therapeutischen Prozeß teilhaben, weil die Gruppensituation ihre Abwehrmechanismen nicht zerstört, sondern umgeht und unterläuft. Für die Therapie dieser sogenannten Borderline-Pa-

tienten bietet die Gruppe daher oft die einzige Möglichkeit der Befreiung.

Ich habe damit die therapeutische Gruppe als Möglichkeit beschrieben und möchte mich nun der Frage zuwenden, wie und unter welchen Bedingungen die Mitglieder der Gruppe lernen, diese Möglichkeit zu erkennen und von ihr Gebrauch zu machen.

Die Anfangsphase der Gruppenarbeit, die etwa ein Jahr sich hinziehen mag, wird bestimmt durch die Auseinandersetzung darüber, ob ein therapeutisches Bündnis eingegangen oder vermieden werden soll. Im Verlauf dieser Auseinandersetzung formieren sich, im Hier und Jetzt der Gruppe, die Parteien des psychischen Konflikts. Auf der einen Seite die Krankheitspartei, welche das Lebensrecht der Pathologie verteidigt und alle Versuche abwehrt, deren Hintergründe aufzudecken. Auf der anderen Seite die Gesundheitspartei, deren Arbeit während dieser Zeit vor allem darin besteht, die Gruppe als Ort eines möglichen therapeutischen Prozesses gegen die destruktive Aggression der Krankheitspartei zu verteidigen. Beide Parteien bewegt die Angst. Aber während die Zweifler, Kritiker und Ablehnenden vor der angstmachenden Situation der Therapie zu flüchten versuchen, fürchten diejenigen, welche sich mit dem Projekt der Therapie, und d. h. zu diesem Zeitpunkt mit dem Therapeuten, identifizieren, daß die Möglichkeit therapeutischer Arbeit, d. h. die Möglichkeit, die eigenen Angstgefühle endlich einmal bearbeiten zu können, ihnen wieder verloren gehen könnte. Therapeut und Gruppe sind daher gleich zu Beginn mit der ganzen Schwierigkeit ihres Vorhabens konfrontiert, und von Anfang an müssen sie erkennen, daß sie sich in einer Auseinandersetzung befinden, in der es um Leben und Tod geht.

Betrachten wir nun einige Beispiele für die Schicksale von Aggression in dieser Situation. Zu den Organisatoren der Abwehr gehörte in einer der elf Gruppen, welche, zum Teil seit fünf Jahren, in meiner Berliner Praxis arbeiten, ihr schwächstes Mitglied, eine psychosenahe Schauspielerin, welche zum Zeitpunkt ihres Eintritts in die Therapie in einem zerstörerischen Verhältnis mit einem Gelegenheitsarbeiter lebte, der Alkoholiker ist. Sie hatte, bevor sie in die Gruppe kam, die Teppiche im Wartezimmer auf ihre Echtheit überprüft und ebenso verhielt sie sich gegenüber dem Therapeuten. Nur in der ersten Sitzung erwähnt sie, worunter sie leidet; Angst in Menschenmassen, sie ist wie gelähmt, wenn andere handeln, leidet unter einer Spinnenphobie. Fragen nach ihrer Lebensgeschichte und gegenwärtigen Situation wehrt sie ab als »unsinnig«. Sie stellt Gegenfragen und fordert, eine Opposition in der Gruppe zu organisieren und erhält beifällige Unterstützung durch einige Teilnehmer. Sie mimt ein ironisch lässiges Verhältnis zum Therapeuten, sitzt hoch zu Roß, schlägt primadonnenhaft die Beine übereinander und grimassiert, wenn der Therapeut sie anspricht. Dessen Äußerungen versucht sie intellektuell zu kontrollieren und verlangt, daß er »sich ihr erklären« solle, eine Forderung, welche ihren Wunsch nach einer Sexualisierung der Beziehung ausdrückt. Als der Therapeut ihrem Verlangen, von ihm umworben und hofiert zu werden, nicht Folge leistet, schweigt sie trotzig und verbittert. Zur Mitarbeit aufgefordert, wirft sie dem Therapeuten vor, er leiste zu wenig, sei unfähig und geldgierig. Ihre Aggression gegen den Therapeuten führt sie auch versteckt. Als ein Gruppenmitglied an einem anderen den Polizeigriff demonstrieren will, möchte sie statt dessen den Therapeuten als Versuchsobjekt sehen. Mit destruktiven Fragen, z. B. wann man die Therapie abbrechen solle und könne, versucht sie den Gruppenprozeß zu unterminieren. Sie findet, die Gruppe und alles, was in ihrem Rahmen geschehe, sei Mist, und verläßt damit die Therapie.

Die Gruppe hat ihre theatralische Aggression gegenüber dem Therapeuten zunächst als befreiend und lustig empfunden. Das Hervortreten des zwanghaften Charakters ihrer Abwehr läßt sie jedoch bald bedrohlich erscheinen und als sie die Gruppe verläßt, folgt ihr auch nur ein Mitglied.

Der junge Mann, der einzige Sohn einer kleinbürgerlichen Staatsbeamtin, dessen Vater im Krieg gefallen ist, hat zunächst mit Argusaugen die Gruppe überwacht. Mißtrauisch wendet er die Interpretationen des Therapeuten hin und her, um ihn dann zeternd zur Rede zu stellen. Er ärgert sich verbissen, wenn der Therapeut spricht und wehrt als »Phantasiegebilde« ab, was dieser sagt. In seinen ironisierenden Protokollen erscheint der Therapeut als autoritärer Dummkopf. Der Aufforderung der Schauspielerin, eine Opposition zu organisieren, schließt er sich begeistert an. Er tritt auf als Sprecher der unterdrückten Gruppe, die er doch zugleich überwacht, bevormundet und inquisitorisch verunsichert. In Nachsitzungen hetzt er gegen die Therapie. Gruppenmitglieder, welche sich mit dem Verhalten und den Interpretationen des Therapeuten identifizieren, findet er dumm und abhängig. Er fordert Gleichheit und Gerechtigkeit, möchte aber selbst weder gelobt noch kritisiert werden. An der gruppendynamischen Auseinandersetzung fürchtet er vor allem ihre Emotionalität, welche sein rigides Kontrollbedürfnis nicht zu integrieren vermag.

Den Wortführern der Krankheitspartei schließen sich Patienten an, welche in ihren Wohngemeinschaften ihre Konflikte in Revoluzzerhaltung ausagieren. In der therapeutischen Gruppe kritisieren sie die Passivität des Therapeuten, stellen seine Qualifikation in Frage und ärgern sich über sein »Geschwätz«. Sie möchten auf keinen Fall in Abhängigkeit von solchen Leuten geraten. Schwärmerisch beschwören sie die echte Solidarität, welche sie in der linken Bewegung gefunden haben, und versuchen, die Gruppe gegen den Therapeuten zu mobilisieren.

Die destruktive Aggression der Krankheitspartei richtet sich offen gegen den Therapeuten, und dieser Aspekt verschafft ihr zunächst Unterstützung. Im weiteren Verlauf der Auseinandersetzung tritt jedoch deutlich hervor, daß in ihrem Versuch, die Gruppe vom Therapeuten zu trennen, ein Angriff auf das therapeutische Projekt selbst sich verbirgt und daß mit dem Therapeuten zugleich auch die Gruppe zur Strecke gebracht werden soll.

Die Gruppenangst und Gruppenfeindlichkeit der Patienten wurde auch deutlich in einer anderen therapeutischen Gruppe, worin zehn Studenten zusammenkamen, viele von ihnen nach dem Zusammenbruch ihrer politischen Arbeit. Sie befanden sich in einem Zustand quälender Depression und Lethargie und unruhigen Getriebenseins, zum Teil lebten sie in seit langem mißglückten Liebesbeziehungen. Zu Beginn des Gruppenprozesses versuchten sie, sich wiederzufinden, indem sie während der Sitzungen sich in der Art eines politischen Clubs verhielten und ihre Probleme mit einer gewissen Brillanz intellektualisierten. Dies gab ihnen anfänglich Befriedigung und vermittelte ihnen das Gefühl einer gewissen Sicherheit. Unter dieser kommunizierenden Oberfläche blieben sie jedoch einsam und hilflos und ihre Schwierigkeiten verschärften sich. Der Abwehrcharakter ihres Diskussionszusammenhangs trat hervor, als das schwächste Mitglied der Gruppe, der Sohn eines faschistischen Gutsbesitzers kleinbürgerlicher Provenienz, eine hektische politische Betriebsamkeit entfaltete, und damit begann, das Mißtrauen gegen das therapeutische Gruppenprojekt offen auszuagieren. Er empfand es als eine besitzbürgerliche Haltung, die Therapie für sich allein zu behalten und vervielfältigte daher die Protokolle der therapeutischen Sitzungen. Erst im letzten Augenblick konnte er daran gehindert werden, diese tatsächlich zu verbreiten. Die Gruppe reagierte auf die naive Feindseligkeit dieser Aktion, welche ihr das Recht absprach, sich als therapeutische Gruppe überhaupt zu konstituieren, mit größter Unsicherheit, mit Verfolgungsangst und mit dem Ausdruck heftigster Aggression.

Den offenen Angriffen auf den Therapeuten und der versteckten Torpedierung der therapeutischen Situation stellen sich die Patienten entgegen, welche ein starker Leidensdruck in die Therapie treibt. Sie sind froh, Hilfe zu finden, und gehen ein erstes Arbeitsbündnis ein, indem sie sich mit dem Therapeuten identifizieren.

In unserem ersten Beispiel wurde die Gesundheitspartei angeführt von zwei jungen Männern, welche wie rivalisierende Brüder um die Gunst des Therapeuten kämpften. Einer von ihnen stammte aus einer chaotischen Lehrerfamilie. Die Eltern waren geschieden, und er hatte lange Zeit mit der weichen und passiven Mutter, zu welcher er in verbal intimer Beziehung stand, und mit seiner phallischen Freundin, die er mit starker Ambivalenz liebte, zusammengelebt. Seinem Eintritt in die Therapie war ein mißlungener Emanzipationsversuch vorausgegangen. Er hatte Mutter und Freundin verlassen und sich einer Wohngemeinschaft angeschlossen, die sich bereits in Erstarrung und Zerfall befand. Er wollte retten, was zu retten war, erwartete aber auch die Hilfe der Gruppe für seine eigenen Probleme. In der Wohngemeinschaft, deren Mitglieder sich ein hierarchisches Rollensystem auferlegt hatten, und sich in monotoner Wiederholung gegenseitig zwanghaft analysierten, verlangte man von ihm, erst einmal alle Brücken zur Vergangenheit abzubrechen und unterwarf daraufhin sein Verhalten einer permanenten inquisitorischen Kritik. Sein Versuch, die Ängste zur Sprache zu bringen, in die dieses Verhalten ihn stürzte, wurde von dieser Gruppe so feindselig abgewehrt, daß er die Sprache verlor und verstört herumsaß. Seine Wahrnehmung glitt ab in Wahn- und Wunschvorstellungen und verlor sich in alles überflutender Angst. Nach einer heftigen psychotischen Reaktion, die ihn in eine sogenannte

»Heil- und Pflegeanstalt« führte, bat der junge Mann um therapeutische Hilfe, weil er Angst hatte, an der Wohngemeinschaft symbiotisch kleben zu bleiben, welche die Krankheit ausgelöst hatte.

Den Therapeuten erlebte er zu Beginn als Befreier von der Last seines rigiden Über-Ichs, unter dem Einfluß seines Vaters, der hinter einer rührselig temperamentvollen Fassade eine tiefe Depression verborgen hatte. Er fühlte sich vom Therapeuten beschützt, zum ersten Mal angenommen und erlebte dessen Interesse und Sorge als einzig mögliche Hilfe in seiner unmittelbaren Notsituation.

Angriffe auf den Therapeuten empfand er als persönliche Bedrohung und besonders die destruktive Aggression der Krankheitspartei wurde von ihm heftig abgewehrt. Seine Identifikation mit dem Therapeuten erlebte er als eine Art Ich-Erweiterung; was dieser sagte, wurde von ihm aufgesogen, nachdem er es seinen Bedürfnissen entsprechend uminterpretiert hatte. Für die therapeutische Situation und die des Therapeuten brachte er viel Verständnis auf. Er selbst erlebte sich als Therapeut und setzte sich an dessen Stelle. Diese starke Identifikation entsprang auch seinem Bedürfnis, im Mittelpunkt des Geschehens zu stehen, die Gruppe zu dominieren und ihre Geschicke zu bestimmen. In diesem Bestreben stieß er auf seinen Rivalen, der sich ähnlich mit dem Therapeuten identifiziert hatte und nicht weniger herrschsüchtig war. Beide begannen einen heftigen Kampf um die Vormachtstellung in der Gruppe und die Zuneigung des Therapeuten. Sie artikulierten ihre Herrschsucht durch ihre aktive Teilnahme am Gruppenprozeß, und nachdem die Wortführer der Krankheitspartei die Gruppe verlassen hatten, bildeten die beiden Rivalen für lange Zeit eine Art zweite Gruppenregierung.

Auch in der zweiten der beiden zitierten Gruppen stellte sich der die Therapie gefährdenden Krankheitspartei eine Gesundheitspartei entgegen. Sie wurde angeführt von einer jungen Frau, deren Leidensdruck im Verlauf der Anfangsphase so stark angewachsen war, daß sie das therapeutische Bündnis suchte. Dieses wurde begründet, als sie während einer Sitzung von einer farbigen Lesbierin berichtete, deren Geschichte sie gelesen hatte, und dabei von Angst und Traurigkeit überwältigt wurde. Ihre fürchterliche Vereinsamung, welche unter der kommunizierenden Oberfläche dieser Gruppe verborgen geblieben war, und die

Angst vor der als Verfolgerin erlebten Gruppe brachen im Hier und Jetzt der Situation hervor und destruierten die Fassade der ideologischen Auseinandersetzung. Sie war nun in der Lage, die teilnehmende Hilfe des Therapeuten zu akzeptieren, dem sie vorher ein so starkes Mißtrauen entgegengebracht hatte, daß sie wegen mangelnder Motivation und Bündnisbereitschaft mehrmals von der Therapie abgewiesen worden war. Sie fand den Weg zu einer Identifikation mit dem Therapeuten, begann sich als solcher zu fühlen und wurde zu einer umsichtigen Mitarbeiterin, als welche sie die Gruppe lange beherrschte.

Die Auseinandersetzung der Krankheitspartei und der Gesundheitspartei in der therapeutischen Gruppe dient, das zeigen die zitierten Situationen, dem deutlichen Herausarbeiten der Bedingungen des therapeutischen Prozesses.

Von der Partei der Ablehnenden brechen viele die Therapie schon in der Anfangsphase ab – erfahrungsgemäß handelt es sich um 20 bis 40 Prozent der Teilnehmer. Mit diesen Patienten kommt ein therapeutisches Bündnis nicht zustande, weil entweder ihre Motivation nicht stark genug ist, um sie das Risiko der Therapie wirklich eingehen zu lassen, oder weil ihr destruktives Potential so übermäßig ist, daß es selbst eine Gruppensituation gesprengt hätte. In diesem Fall treibt die Angst vor einer destruktiven Explosion den Patienten aus der Therapie. Der häufigste Grund für das Nichteingehen des Bündnisses und das Abbrechen der Therapie aber ist, daß der Patient in seiner Lebenssituation weiter mit der Krankheitspartei verbunden bleibt, die er deshalb auch in der therapeutischen Situation nicht zu verlassen wagt: z. B. eine konfliktuöse Ehe, in der ein Ehepartner bzw. die Familie zusammen mit den Ängsten des Patienten dessen Emanzipationsversuch bekämpfen. Das gleiche kann geschehen in einer Gruppe sogenannter Freunde. Oft ist es aber auch eine Ideologie, sei sie nun wissenschaftlich, politisch oder religiös, welche als Repräsentant einer Gruppe dem Patienten nicht erlaubt, die Anfangsangst in der Therapie zu überwinden und die therapeutische Gruppe als Möglichkeit nicht nur zu erkennen, sondern auch zu nutzen.

Mit der Beschreibung der beiden Parteien, welche in der Anfangsphase des therapeutischen Prozesses in der Gruppe sich formieren, habe ich die Situation vereinfacht. Destruktive Aggression, welche im Dienste des Widerstandes die therapeutische

Situation zu zerstören droht, und konstruktive Aggression, welche das Bündnis schließt und die therapeutische Situation verteidigt, verteilen sich selbstverständlich nicht so einfach auf verschiedene Personen. Als Parteien des intrapsychischen Konfliktes, den die Therapie zu bearbeiten sucht, sind sie wirksam in jedem der Gruppenmitglieder. Wenn daher von einigen Mitgliedern gesagt wird, sie repräsentierten die Gesundheitspartei, von anderen, daß sie die Krankheitspartei darstellen, so ist damit gemeint, daß sie im Zuge der Gruppenentwicklung zu einem bestimmten Zeitpunkt diese Position einnehmen.

Nicht alle Mitglieder der Krankheitspartei verlassen in der Auseinandersetzung der Anfangsphase die Gruppe.

Viele entwickeln gerade in dieser Auseinandersetzung das Netz aus Übertragungsbeziehungen, welches ihnen später erlaubt, ihre Konflikte wiederzuerleben und ihre Ängste und Aggressionen auszusprechen. Auf der anderen Seite haben die Mitglieder der Gesundheitspartei durch ihre Identifikation mit dem Therapeuten und dem therapeutischen Projekt der Gruppe nur den ersten, allerdings entscheidenden Schritt im therapeutischen Prozeß getan. Ihr Bündnis mit dem Therapeuten bildet die Basis der Bearbeitung der eigenen Konflikte ebenso wie die Voraussetzung für das Fortschreiten der Gruppenentwicklung.

Regelmäßig ist es eine akute Konfliktsituation, in welcher das therapeutische Bündnis geschlossen wird, sei es, daß dieser akute Konflikt dem Eintritt in die Gruppenpsychotherapie unmittelbar vorausgeht, wie in dem einen geschilderten Beispiel des Lehrersohnes, der nach dem Zusammenbruch seines Befreiungsversuches auf die große Reise einer psychotischen Reaktion gegangen war, sei es, daß dieser Konflikt in der therapeutischen Situation selbst wiedererlebt werden konnte, wie in dem anderen gegebenen Beispiel.

Die Identifikation mit dem Therapeuten, welche das Arbeitsbündnis begründet, müssen wir als jenseits der eigentlichen Übertragung liegend begreifen. Denn dieses Bündnis ermöglicht erst, daß der Patient die Ängste und Aggressionen der eigentlichen Übertragungsneurose in der Gewißheit ertragen kann, diese Gefühle und die Situationen, deren Ausdruck sie sind, mit dem Therapeuten und der Gruppe durcharbeiten und analysieren zu können.

Die Auseinandersetzung von Krankheits- und Gesundheitspartei ist daher nicht beendet, wenn die Gruppe ihren ersten Aderlaß erlebt. Ebensowenig ist mit dem Auszug der Destruktionspartei das Problem der destruktiven Aggression erledigt. Mit der sich entwickelnden Übertragung, die auf der Basis des Bündnisses jetzt *erlebt* werden kann, stellt sich das Problem erst recht, allerdings in differenzierterer Form.

So erlebten die schon erwähnten Rivalen der einen beschriebenen Gruppe in ihrer gegenseitigen Rivalität um die Zuneigung des Therapeuten und die Vormachtstellung in der Gruppe ihre Bruderthematik. Ihre heftige aggressive Auseinandersetzung, welche Teil der Übertragungssituation war und nicht deren Abwehr diente, gab daher den übrigen Gruppenmitgliedern Gelegenheit, ähnliche Schwierigkeiten im Hier und Jetzt der Gruppe wiederzuerleben. In der Gruppe bildete sich dadurch nach und nach ein Übertragungsgeflecht aus, welches wiederum die Möglichkeit bot, die in der anfänglichen Identifikation der beiden Rivalen mit dem Therapeuten verborgenen Widerstandsmomente aufzudecken und zu bearbeiten, was an diesem Bündnis der Abwehr diente.

Die sich entwickelnde Gruppenkommunikation gibt aber nicht nur Gelegenheit, die Abwehrformationen der Führer anzugreifen, sondern bietet auch eine Möglichkeit für andere Mitglieder der Gruppe, ihre Übertragungssituation überhaupt erst zu artikulieren. Das Freiwerden der gebundenen heftigen Aggression gegen den Therapeuten und dessen Stellvertreter in der Gruppe bildet dabei häufig die Voraussetzung für die Entwicklung konstruktiver Ich-Tätigkeit.

Intensive Gruppenkommunikation geht voraus: In einer therapeutischen Gruppe wurden während einer Sitzung die feindseligen Aggressionen erinnert, welche die Mitglieder von seiten ihrer Eltern erlitten hatten. Alle waren geprügelt worden. Viele hatten angstvoll mitangesehen, wie ihre Geschwister geschlagen wurden, waren eingesperrt worden oder ohne Grund tagelang nicht angesehen worden von der Mutter und hatten dabei Verlassensängste ausgestanden. Bei der Erinnerung der ausgestandenen Leiden begannen viele Gruppenmitglieder zu weinen. Ein junger Lehrer, der bis zu dieser Zeit in der Gruppe meist geschwiegen hatte, wenn er nicht mit weinerlicher Betschwesternstimme beklagte, daß er in der Gruppe sich nicht äußern könne, oder aber spitze, versteckt aggressive Bemerkungen machte über die Führer der Gruppe, die er wegen ihrer Nähe zum Therapeuten beneidete und die er haßte, weil sie ihn verteidigten, während er ihn angreifen wollte, konnte in dieser Situation zum ersten Mal seinen Gefühlen wirklichen Ausdruck geben, indem er anfing zu weinen und sich in seiner Hilflosigkeit und Verzweiflung offenbarte. Er konnte dann beginnen, von seinem Verhältnis zur Mutter zu sprechen, die ihn sein Leben lang verfolgt hatte, ihm buchstäblich nachspioniert und all seine Versuche, sich von ihr zu lösen, torpediert hatte, indem sie einerseits seine Freundinnen aus dem Hause ekelte und andererseits ihm drohte, sie würde sich umbringen, wenn er sie verließe. Sie war von fanatischer Ordnungssucht, machte dem Sohn Szenen, wenn er die sorgfältig gekämmten Teppichfransen durcheinanderbrachte. Auf der anderen Seite führte sie ein chaotisches Leben. Sie hatte sich von ihrem Mann scheiden lassen, lebte eine Zeitlang mit einem verheirateten Mann zusammen, den sie durch die Polizei aus der Wohnung schaffen ließ, als er drohte, sie umzubringen. Den Sohn pflegte sie zeremoniell zu prügeln, einmal verfolgte sie ihn um den Tisch herum. Es gab immer einen Grund, welcher ihr Recht gab und ihn selbst als den Undankbaren und Bösen erscheinen ließ. Dabei fühlte er sich von ihr an der Nase herumgeführt, wußte nie, was nun eigentlich mit ihr sei. Als sie nach einer Auseinandersetzung mit ihrem Freund gedroht hatte, sich zu töten, und eine ganze Nacht fortgeblieben war, während ihr Sohn mit der Großmutter verzweifelt zu Hause saß, kam sie am Morgen fidel zurück, ohne auch nur ein Wort über das Ganze zu verlieren und sich um die Ängste des Sohnes zu kümmern. Sie, die ihn mit Korrektheitsforderungen malträtierte, betrog ihn, indem sie ihm Geschenke vorenthielt oder gar fortnahm, die er von dem geschiedenen Vater erhielt.

Der Patient hatte in dem Therapeuten die Ich-verunsichernde Mutter wiedererlebt und ebenso die Hilflosigkeit und Aggression ihr gegenüber. Er konnte diese Gefühle jedoch erst äußern, als die gemeinsame Gruppenerinnerung an die feindseligen Eltern ihm Gelegenheit gegeben hatte, die Frage zu entscheiden, wer nun recht und wer unrecht gehabt hatte. Nachdem er seine Angst und seine Hilflosigkeit hatte aussprechen können, die vorher in Form psychosomatischer Desintegration, als Allergien und stammelnde Redeweise sich artikuliert hatten, konnte er es in den folgenden Sitzungen auch wagen, seine Aggression gegen den Therapeuten zu äußern. Seine Stimme begann sich zu festigen, und er war nun auch in der Lage, über die Spannungen in seiner Ehe zu sprechen, in die er sich vor der Mutter geflüchtet, die er aber in der Therapie nie zur Sprache gebracht hatte. Das Wahrnehmen der eigenen Aggressionen und Ängste in der Gruppe wurde von ihm als Befreiung empfunden und als Chance genutzt. Er konnte seine Aggression gegen die Gruppenmitglieder, welche den Therapeuten verteidigten, jetzt offen aussprechen, war nicht mehr gezwungen, sich bissig und versteckt an andere anzuhängen. Er wußte zum ersten Mal, wo er stand und konnte das auch zeigen. In seinem Beruf machte er mit Erfolg mehrere Fortbildungskurse, und auch in seiner Ehe war er nun in der Lage, die schwelenden Auseinandersetzungen zu verbalisieren und offen auszutragen, was beide Partner als erleichternd empfanden.

Wir erkennen an diesem Beispiel, daß die sich entwickelnde Gruppenkommunikation allmählich Funktionen übernimmt, die zu Beginn der Therapie allein der Therapeut wahrgenommen hat. Während zu Beginn des Prozesses das Bündnis allein mit ihm geschlossen wird, der die Möglichkeit von Therapie verkörpert, wird später dieses Bündnis verwandelt und ergänzt durch die kommunizierende Gruppe, welche ihren Mitgliedern Identifikation und Bündnis zunehmend erleichtert. Es entwickelt sich allmählich, was wir das Gruppen-Ich nennen können. Je weiter diese Entwicklung zur Gruppenautonomie fortschreitet, desto mehr destruktive Aggression kann geäußert und bearbeitet werden, d. h. aber auch, desto tiefer dringt die therapeutische Arbeit in die Geschichte und die unbewußte Dynamik der Gruppe ein, denn die Heftigkeit der Destruktion ist um so größer, je früher in der Geschichte des Individuums der pathogene Konflikt entstanden ist.

So kam es in einer therapeutischen Gruppe, welche die Anfangsphase schon lange hinter sich hatte und gut arbeitete, zu einem Ausbruch destruktiver Aggression aller gegen alle, als der Therapeut aus Krankheitsgründen einmal einer Sitzung fernbleiben mußte. In dieser Sitzung konnte eine Patientin ihren ganzen Haß und ihre Verzweiflung gegenüber einem anderen Mitglied der Gruppe äußern, in dem sie ihre Mutter wiedererlebte. Diese hatte ihr Leben lang aus ihrer Krankheit Profit geschlagen, hatte die ganze Familie mit ihrer Krankheit erpreßt und bei all ihrer

Schlampigkeit und Unfähigkeit zur Bewältigung realer Anforderungen ständig in Phantasien von ihrer außerordentlichen intellektuellen, moralischen und künstlerischen Sensibilität geschwelgt und die Familie gezwungen, diese Phantasien für Realität zu halten. Sobald Kritik an ihrem Verhalten laut werden wollte, drohte sie mit Selbstmord.

Es war der stärkste aggressive Ausbruch, den die Gruppe bis dahin erlebt hatte. Wie sich dann herausstellte, konnte die Patientin diese Aggression wagen, weil einerseits der Therapeut fehlte, in dem sie ihren Vater erlebte, der die Mutter, obwohl er unter ihr litt, immer verteidigt hatte und den Kindern die stärksten Strafandrohungen für den Fall ausgesprochen hatte, daß die Mutter mißachtet würde. Zum anderen war aber die Gruppe in sich so sehr gefestigt, daß ihre Mitglieder sich der Dynamik einer führerlosen Gruppe zu überlassen wagten und der »Mutter Gruppe«, um einen treffenden Terminus Walter Schindlers zu verwenden, im Vertrauen auf deren integrative Kraft lärmend demonstrierten, wie krank sie noch seien, wie neidisch und wie sehr sie noch der Hilfe bedürften.

Die entwickelte Gruppe stellt hier eine Situation bereit, welche die in der Kindheit entbehrte Sicherheit gewährt, ohne die Bewegungsfreiheit zu unterdrücken. In den meisten Fällen war in der Kindheit das eine nur um den Preis des anderen zu haben und oft mußte beides entbehrt werden. Auf der Basis des therapeutischen Bündnisses der Gruppenmitglieder untereinander und mit dem Therapeuten kann in dieser Situation die nachholende Ich-Entwicklung sich vollziehen. Die Übertragungsituation wird nicht nur erleichtert, sondern auch deren analysierende Bearbeitung. Die Zerstörungsphantasie der destruktiven Aggression wird in ihrem Rahmen als solche erkennbar: Der Therapeut fällt nicht tot um, die Gruppe fliegt nicht auseinander oder rennt schreiend weg. Ihre kritische Lebendigkeit, die gerade auch darin sich ausdrückt, daß sie zusammenbleibt – die Elementarfunktion des Gruppen-Ich – erlaubt es, die in sie hereingebrachten Affekte und Gedanken zu sortieren, zu trennen, was man behalten und was man verwerfen will. In diesem Sinne sprechen wir vom autonomen Gruppen-Ich und vom therapeutischen Prozeß als einem Ausbilden seiner Funktionen.

Die fortschreitende Entwicklung dieser Ich-Funktionen geht einher mit einer Vertiefung der Problematik des psychischen

Konfliktes. Einerseits wird das Erfahrungsinstrumentarium gekräftigt und differenziert, andererseits wird dieses Instrumentarium angewandt auf immer tiefer liegende Schichten der pathogenen Situation. Diese Entwicklung drückt unter anderem sich aus in einer Veränderung der Träume der Gruppenmitglieder. Während zu Beginn der therapeutischen Arbeit selten geträumt wird – die unbewußten Konflikte werden vielmehr offen ausagiert, sei es in oder außerhalb der therapeutischen Situation – so ist die allmähliche Ausbildung der Ich-Funktion verbunden mit zunehmender Traumerfahrung. Zuerst tauchen Träume auf, die lediglich der Bewältigung von Tageswünschen dienen, ähnlich den Träumen von Kleinkindern. Dann aber heißt es: Ich habe einen wirklichen Traum gehabt, der dann ein Traum des Unbewußten ist und hineinführt in die Inhalte und die Dynamik der archaischen Erfahrungen.

Nicht alle Mitglieder der Gruppe sind an der Entwicklung des Gruppen-Ichs gleichmäßig beteiligt, und bei jedem ihrer Schritte sind die Plätze der Krankheitspartei besetzt von Patienten, welche sich einer neu eröffneten Erfahrung verschließen möchten und den Widerstand in der Gruppe artikulieren. Von einer eigentlichen Krankheitspartei, wie sie zu Beginn beschrieben wurde, können wir zu diesem Zeitpunkt nicht mehr sprechen. Trotzdem hat jede Gruppe ihre Sorgenkinder. Ihrer Problematik möchte ich mich nun abschließend zuwenden. Eine 26 Jahre alte Studentin der Medizin, die zwei Jahre an einer therapeutischen Gruppe teilgenommen hatte, tötete sich, als ihre unter schwerem Asthma leidende Mutter gestorben war. Mit der Drohung ihres Todes hatte sie die Patientin ständig erpreßt und das ganze Leben hindurch in symbiotischer Abhängigkeit gehalten. In der Therapie war es dieser Studentin nicht möglich gewesen, sich aus dieser Umklammerung zu befreien. Während zweier Jahre äußerte sie in der Gruppe ihre Klagen über ihre Arbeitsstörungen und Examensängste. Alle interpretatorische Hilfe von seiten der Gruppe und des Therapeuten wies sie jedoch zurück. Ihr Widerstand drückte sich aus in langen theoretischen Diskussionen über Sinn und Unsinn von Psychotherapie, in denen sie eine Tablettenideologie vertrat. Sie mochte nicht glauben, daß ihre Krankheit anders zu behandeln sei als durch das Einnehmen von Chemikalien und wurde darin unterstützt durch ihren Verlobten, der, ebenfalls Mediziner, sie mit den verlangten

Psychopharmaka versorgte. Je mehr Gruppe und Therapeut sich um sie bemühten, desto schlechter ging es ihr und desto bereitwilliger begab sie sich in die pharmakologische Therapie ihres Verlobten.

Wir haben hier ein Beispiel dafür, wie die Krankheitspartei außerhalb der Therapie sich immer wieder reorganisiert und das Eingehen eines therapeutischen Bündnisses verhindert. Das Problem lag in Wahrheit tiefer als die Diskussion um Psychotherapie und Psychopharmaka, und die Abwehr der Patientin lag begründet in der symbiotischen Klammer ihrer Mutterbeziehung, die sie auch in der therapeutischen Situation nicht wiederzuerleben wagte. Aktualisiert wurde dieser Konflikt, als sie in das medizinische Staatsexamen eintrat und dieses mit großer Angst als ein Verlassen der Mutter Universität, der Alma Mater, erlebte, was sie noch einmal das Entwickeln eigener Identität als einen Muttermord fürchten ließ. Sie tötete sich wenige Wochen nach Abbruch der Therapie.

Die Tendenz zur Selbstdestruktion ist virulent in jedem psychischen Konflikt und daher in allen therapeutischen Gruppen anzutreffen. Sie findet häufig ihren Ausdruck in einer Spaltung der Persönlichkeit. Gesundheits- und Krankheitspartei haben in diesem Fall sich Lebens- und Charakterformen geschaffen, die in einem Doppelleben gegeneinander arbeiten.

In der Gruppe erscheinen diese Patienten mit der Fassade einer geradezu mitleiderregenden Bravheit. Fast immer schweigen sie. Beim Sprechen sehen sie ängstlich nach unten, häufig stottern sie. Ihre hilflose Erscheinung weckt in der Gruppe Schuldgefühle darüber, daß man sich nicht um sie kümmert, ihnen nicht hilft. Von Zeit zu Zeit erschrecken sie die Gruppe mit der Schilderung chaotischer und für sie häufig lebensgefährlicher Geschichten, in die sie sich immer wieder hineinziehen lassen, und die meist schon wochenlang in Gang sind, bevor sie in der Gruppe sich darüber äußern. Werden sie vom Therapeuten auf ihr langes Schweigen hin angesprochen, reagieren sie mit Ausbrüchen von Wut und Haß gegen diesen, in dem sie die reglementierenden Eltern wiedererleben. Der Gruppe gegenüber äußert sich ihre Aggression in bockigem Schweigen, das zugleich abwesend und konzentriert ist.

In der Psychogenese dieser Patienten finden wir eine repressive, sexualfeindliche Erziehung mit offen ausgelebter elterlicher

Aggression im Gewande bürgerlicher Wohlanständigkeit. Das Gruppenschicksal dieser Patienten geht über Jahre und führt in vielen Fällen zu mehr oder weniger langen Unterbrechungen der Therapie. Für die Entwicklung der Gruppenautonomie sind sie ein ständiges Problem. Worum es geht, verdeutlicht die folgende Situation:

Eine Patientin, welche seit langem in der beschriebenen Weise das Sorgenkind ihrer Gruppe darstellte, ohne daß die Gruppe ihr wesentlich hätte helfen können, berichtete, daß sie sich einer Operation unterziehen müsse, deren sexuellen Charakter sie mühsam und zögernd mit dem Wort »Unterleibsoperation« andeutete. Sie fürchtete sich vor der Narkose, in der wie sie sagte, so viele junge Leute sterben. Sie äußerte darin ihre Angst vor dem Verlust der Ich-Kontrolle. Ihr eigenes Doppelleben aber führte sie gerade wie in Narkose, mit einer Bewußtlosigkeit, welche sie, die sich ständig fürchtete vor dem Mißbrauchtwerden, immer wieder Situationen aufsuchen ließ, in denen sie sich eben diesen und ärgeren Gefahren aussetzte, ohne sich darüber klar zu werden.

In der Therapie setzte sie allen Versuchen, ihr die Dynamik ihres Handelns bewußt zu machen, starken Widerstand entgegen, und wir können sagen, daß sie auch hier in der therapeutischen Situation ausagierte, was sie andererseits so sehr fürchtete: Das Nicht-mehr-Aufwachen aus der Narkose. Ihr Doppelleben diente dieser Patientin zur Betäubung einer Angst, die zu erfahren, ihrem schwachen Ich nicht möglich war. Sie präsentierte damit ihrer Gruppe deren permanentes Problem: Nämlich das Bündnis mit dem Therapeuten nicht zur Durcharbeitung, sondern zur Abwehr der Angst zu benutzen.

In der Erfahrung der Angst, meine Damen und Herren, aber erkennen wir den archimedischen Punkt des therapeutischen Prozesses. Diese Erfahrung ist ebenso Bedingung des therapeutischen Bündnisses wie dieses die Voraussetzung dafür stellt, Angst erfahren zu können. Erst von dieser Erfahrung aus kann der Wiederholungszwang der Destruktivität bearbeitet und allmählich in die Dynamik der konstruktiven Aggression übersetzt werden. Wir können, was ich heute als Schicksale von Aggression in der therapeutischen Gruppe zu beschreiben versucht habe, daher auch begreifen als Entwicklung und Differenzierung der Ich-Funktion der Angst.

VIII. Von der psychoanalytischen Standardmethode zur Gruppenpsychotherapie

Überlegungen zu Gemeinsamkeiten und Differenzen

Im folgenden sollen Gemeinsamkeiten und Differenzen von klassischer Psychoanalyse und analytischer Gruppenpsychotherapie diskutiert werden. Ihre spezifischen Indikationen, die Veränderung und Erweiterung der psychoanalytischen Arbeit durch die Gruppe und die Möglichkeiten, beide Therapieformen sinnvoll miteinander zu verbinden.

Die Standardsituation der Psychoanalyse wurde entwickelt, um psychische Konflikte bis in ihre unbewußten Inhalte verfolgen und deren Dynamik ergründen zu können. Die Einsicht, welche Patient und Therapeut im Verlauf des analytischen Prozesses in diese Inhalte und ihre Dynamik gewannen, sollte den Weg zu einer Veränderung des Verhaltens freilegen. Von Anfang an aber waren die Analytiker konfrontiert mit der Tatsache, daß nur ein beschränkter Personenkreis in der Lage ist, sich einer Psychoanalyse zu unterziehen. Die Analyse ist an psychische Voraussetzungen geknüpft, die keineswegs immer gegeben sind. Ein starker Leidensdruck und die Fähigkeit zum Arbeitsbündnis mit dem Therapeuten sind gefordert, d. h. aber, daß der Analysand über eine ausreichende Ich-Autonomie verfügen muß, welche es ihm ermöglicht, mit Hilfe des Analytikers sich der Erfahrung der andrängenden Inhalte des Unbewußten auszusetzen, ohne psychisch zu desintegrieren. Die enge Beschränkung, welche die genannten Bedingungen der psychoanalytischen Praxis auferlegen, fiel weniger ins Gewicht, solange es vor allem darum ging, die Realität und Dynamik des Unbewußten sozusagen exemplarisch immer wieder unter Beweis zu stellen, d. h. für die Anfänge der Psychoanalyse. In dem Maße aber, wie die Erkenntnisse der Psychoanalyse allgemein zum Faktor menschlichen Selbstverständnisses und menschlicher Selbsterfahrung zu werden beginnen, hat zwischen der Universalität psychoanalytischer Erkenntnisse und der Beschränktheit ihrer Anwendungsmöglichkeiten ein Widerspruch sich aufgetan, den wir immer schmerzlicher zu spüren beginnen.

Freud selbst war weit davon entfernt, die therapeutische Situation, welche er für die Erforschung und Bearbeitung neurotischer Erkrankung entwickelt hatte und die als Standardsituation bekannt ist, als die allein und immer richtige zu verabsolutieren. Die fundamentale Entdeckung der Dynamik des Unbewußten erschöpfte sich für ihn nicht in ihrer Anwendung auf das Studium der neurotischen Reaktion. Er selbst war im Gegenteil der Meinung – und die Entwicklung seiner Arbeit bezeugt dies –, daß die Form praktischer Arbeit ebenso wie die theoretischen Konstruktionen ihr Kriterium in der Anwendbarkeit auf die tatsächlichen Probleme finden, mit denen Psychiatrie und Psychoanalyse sich konfrontiert sehen. In diesem Sinne hat Rapaport (1961) einmal bemerkt, die Therapie sei für den Patienten da und nicht umgekehrt der Patient für die Therapie. Bezogen auf die Entwicklung der psychoanalytischen Praxis heißt dies, daß dort, wo wir auf Patienten stoßen, denen wir in der Standardsituation nicht helfen können, wir unsere Arbeitsweise und die therapeutische Situation so verändern müssen, daß die Patienten ihre Konflikte darin wiedererleben und an ihrer Heilung arbeiten können.

Die psychoanalytische Praxis hat daher schon früh nach Möglichkeiten gesucht, ihren Radius erweitern und auch dort ihre Erkenntnisse in der Therapie zur Anwendung bringen zu können, wo die Standardsituation für den Patienten nicht angemessen schien. Hier ist vor allem zu denken an Ernst Simmel (1929; 1936), der sich um die Entwicklung psychoanalytischer Milieutherapie bemühte, eine Arbeit, die später in den Vereinigten Staaten an der Menninger-Klinik fortgesetzt wurde, an die Arbeit Anna Freuds (1927; 1936; 1968) zur Entwicklung der psychoanalytischen Arbeit mit Kindern und an die Entwicklung der psychoanalytischen Gruppenpsychotherapie besonders durch Foulkes (1948; 1957; 1964).

Die Veränderung der therapeutischen Situation war verbunden mit einer Veränderung der therapeutischen Arbeitsweise. Um ein vereinfachendes Bild zu benutzen: Die Standardsituation wurde entwickelt als ein Instrument zum Studium des intrapsychischen Konflikts, als eine Art Mikroskop, welches um so klarere Bilder der unbewußten Prozesse liefert, je vollständiger die äußere Realität ausgeblendet werden kann. Der Einblick, den dieses Mikroskop uns in die Struktur und Dynamik psychischer Prozesse gewährte, hat unser Wahrnehmungsvermögen auch für andere Situationen als die der klassischen Analyse geschärft und auch die Direktbeobachtung verändert. Das erste bedeutende Beispiel hat Freud (1900; 1905; 1908; 1917; 1923; 1924) selbst mit der Entdeckung der infantilen Sexualität gegeben. Mit dem Fortschreiten der psychoanalytischen Forschung von der Trieb- zur Ich-Psychologie und zur psychoanalytischen Gruppenforschung hat diese Technik der verfeinerten Direktbeobachtung immer mehr an Gewicht gewonnen.

Anna Freud (1968) hat darauf hingewiesen, daß die analytische Methode gleichzeitig zwei Zielen diene, der Therapie und der Forschung. »Wo wir auf sie verzichten, verzichten wir auch auf ein weiteres Vordringen in die noch dunklen Gebiete der ... Psychopathologie.« Das muß erweitert werden. Die veränderte therapeutische und analytische Situation verändert die Arbeits- und Erfahrungsweise und führt zu neuen Erkenntnissen, die deshalb nicht weniger analytisch sind, weil sie nicht in der orthodoxen Weise gewonnen wurden. Uns beschränken zu wollen auf eine einzige Erfahrungsweise und alle anderen Möglichkeiten auszuschließen oder als minderrangig abzuwehren, hieße, sich vor der Wirklichkeit verschließen. Die psychoanalytische Forschung kann sich nicht darauf beschränken, die Genese psychischer Strukturen zu erforschen in einer Behandlungssituation, welche die abgeschlossene Entwicklung dieser Strukturen schon voraussetzt. Das Wissen, was sie so gewonnen hat, sollte sie anwenden, um den Entstehungsprozeß selbst beobachten bzw. seine pathologische Arretierung beseitigen zu können. Dies ist geschehen in den wichtigen Arbeiten Anna Freuds (1927; 1936; 1968), Eriksons (1965), Spitz' (1950; 1960; 1967) u. a., welche mit Hilfe der verfeinerten Direktbeobachtung das psychoanalytische Wissen über die Ich-Entwicklung vielfältig erweitert haben.

Auf der anderen Seite wurden Formen der psychoanalytischen Therapie für Patienten entwickelt, deren Ich-Autonomie zu wenig ausgebildet ist, als daß sie ihre Konflikte beobachtend reflektieren, auf der Couch analysieren oder aber Übertragungsphänomene verstehen könnten. Diese Therapieformen, die psychoanalytische Milieutherapie und die analytische Gruppenpsychotherapie, in vielen ihrer Aspekte, arbeiten direkt, d. h. benützen verschiedene Weisen, den Patienten mit seinen Konflikten so zu konfrontieren, daß seine ausagierte Krankheit ihm als eigener psychischer Konflikt bewußt und als solcher dann durchgearbeitet werden kann. Das Prinzip dieser Formen der psychoanalytischen Direkttherapie können wir allgemein so benennen: Wo der unbewußte psychische Konflikt sich nicht, wie im Falle der neurotischen Reaktion, darstellt in Form des isolierten Symptoms, der Zwangsvorstellung usw., sondern in die ganze Lebenssituation hinein augelebt wird und diese chaotisiert, da kann auch die therapeutische Situation nicht isolieren von der Lebenssituation der Patienten, sondern muß dieselbe so weit wie möglich zu umfassen suchen (Ammon 1959). Die psychoanalytische Milieutherapie geht auf diesem Weg am weitesten. Hier sind Lebenssituation und therapeutische Situation beinahe identisch. Die analytische Gruppenpsychotherapie geht nicht ganz so weit, sie ist als ambulante Behandlung möglich. Doch auch die therapeutische Gruppe hat Milieucharakter, d. h. sie bietet die Möglichkeit der Konfrontation. Die Gruppe stellt dem einzelnen Patienten vielfältige Übertragungsmöglichkeiten bereit und kommt damit seinem Bestreben entgegen, seine Mitmenschen agierend zu Statisten seiner unter der Herrschaft des Wiederholungszwanges ausgelebten Konfliktsituation zu machen. Andererseits setzt die Gruppe diesem Bestreben aber Widerstand entgegen, indem sie die Übertragungen aufdeckt. Denn die Mitpatienten sind zugleich Übertragungsfiguren und Hilfstherapeuten (auxiliary egos).

Mit allen Formen psychoanalytischer Praxis haben daher auch die psychoanalytische Milieutherapie und die analytische Gruppenpsychotherapie gemeinsam, daß sie das kranke Verhalten in eine kontrollierte Situation bringen, worin es gefahrlos ausgelebt werden kann, um erkannt, in seiner Genese aufgeklärt und verändert werden zu können.

Ich möchte nun an einigen Fallbeispielen Möglichkeiten und Grenzen der verschiedenen therapeutischen Situationen, welche die psychoanalytische Praxis bereitstellt, zeigen, daraus die jeweils spezifischen Indikationen erarbeiten und schließlich an zwei Beispielen zeigen, wie eine sinnvolle Kombination verschiedener Behandlungsformen möglich und wann eine solche Kombination indiziert ist.

Ich stütze mich bei diesem Versuch auf die Erfahrung, welche ich während langer Jahre in der Menninger-Klinik auf den Gebieten der psychoanalytischen Milieutherapie und der klassischen Einzelanalyse habe sammeln können. In meiner Berliner Praxis habe ich seit einigen Jahren die Möglichkeit, durch die Beobachtung von Patientenkindern im psychoanalytischen Kindergarten des Lehr- und Forschungsinstituts für Dynamische Psychiatrie und Gruppendynamik (LFI), Berlin, die pathogene Familiendynamik als ganze überblicken und in ihrer Entwicklung verfolgen zu können. Die Erfahrung, welche ich in meiner Praxis über die Wirkungsweise der drei angeführten Therapieformen auf die nachholende Ich-Entwicklung meiner Patienten sammelte, konnte ich daher ergänzen durch die direkte Beobachtung von Familiensituationen, in denen die Ich-Entwicklung der Kinder arretiert worden war. Dabei konnte ich feststellen, daß, sobald die Eltern in der Therapie eine nachholende Ich-Entwicklung beginnen konnten, d. h. ihre Konflikte wirklich bearbeiten, statt sie den Kindern gegenüber auszuleben, die Ich-Arretierung bei den Kindern aufhörte (Gisela Ammon 1969; Günter Ammon 1970 d).

Die Schwierigkeiten, in welche die Psychoanalyse gerät, wenn sie die Standardmethode starr appliziert auf Konfliktsituationen, die in ihrem Rahmen nicht bearbeitet werden können, möge das folgende Beispiel illustrieren:

Ein 34 Jahre alter Chemiker suchte meine Praxis auf, ein halbes Jahr nachdem er eine zehnjährige klassische Analyse »abgeschlossen« hatte. (Nach 10 Jahren kann man nicht mehr von einem Abbruch sprechen, obwohl das in diesem Fall richtiger wäre.) Er klagte über eine nach wie vor unveränderte Kontaktlosigkeit zum anderen Geschlecht und über schwerste Arbeitsstörungen. Als Erfolg der Analyse gab er an, daß frühere schwere Depressionen aufgehoben worden waren.

Er war jüngster Sohn einer rigiden Beamtenfamilie. Die zwangshafte Mutter hatte keinen Raum für die Erfüllung emotionaler Bedürfnisse gehabt. »Ordnung und Sauberkeit« hatten das emotionale Klima der Familie bedrückt, und den kindlichen Bedürfnissen war mit Abwehr und Verständnislosigkeit begegnet worden.

Seine 10jährige Analyse beschrieb der Patient als ein ständiges Hick-Hack zwischen ihm und der zugeknöpften Analytikerin.

Sie hatte ihn ständig damit konfrontiert, daß er zuviel fordere, daß er von ihr ebenso wie von der Mutter verlange, was er nicht bekommen könne, daß er eben einfach nicht zufriedenzustellen sei.

In der therapeutischen Gruppe wurde deutlich, daß dieser Patient unter dem Wiederholungszwang durch das Leben ging, die Aufmerksamkeit der Mutter und deren Liebe zu gewinnen.

Der Mißerfolg der klassischen Analyse in der Behandlung dieses Problems hat meines Erachtens folgende Ursachen:

1. Der Patient hatte durch eine gefühlskalte, seine Ich-Entwicklung blockierende Mutter eine frühe narzißtische Schädigung erfahren, die so schwer war, daß es ihm unmöglich war, das Übertragungsphänomen in der Analyse zu begreifen.

2. Diese Schwierigkeit wurde dadurch verschärft, daß die Analytikerin ihre Gegenübertragung nicht analysierte und sich genauso verhielt wie die Mutter.

3. Die gesamte Familiendynamik blieb ausgespart, und der Patient wurde für seine neurotische Fehlentwicklung allein verantwortlich gemacht.

So war es zwar möglich, die Depression und das damit verbundene Gefühl der inneren Leere durch die Herstellung der verstümmelten Objektbeziehung eines Hick-Hack-Verhältnisses zur Analytikerin zu beseitigen. Im ganzen jedoch blieb der therapeutische Prozeß arretiert und trat bis zu seinem »Abschluß« 10 Jahre lang auf der Stelle.

Die anschließende Gruppenpsychotherapie nahm einen erfolgreichen Verlauf. Nach und nach wurde durch die mannigfaltigen Projektionen des Patienten auf die anderen Gruppenmitglieder deutlich, welch große Rolle der kranke Organismus der Familie in der Pathogenese des Patienten gespielt hatte, der seiner Familie sozusagen als Organ ihrer Krankheit gedient hatte. Die Zersplitterung der Übertragung in der Gruppe erlaubte es dem Patienten, seine starke Übertragungsangst zu überwinden und sein Übertragungsbedürfnis wahrzunehmen. Andererseits ermöglichte die offene Kontrollsituation die Aufdeckung und Korrektur der provozierten Gegenübertragungsphänomene. Ein Festfahren des therapeutischen Prozesses konnte dadurch verhindert und die Therapie nach 2 Jahren mit Erfolg abgeschlossen werden.

Der Patient konnte sich nun erstmalig erlauben, sexuellen

Kontakt zu einer Partnerin aufzunehmen und erfolgreicher zu sein als sein depressiv einzelgängerischer Vater.

Die gruppenpsychotherapeutische Arbeit konnte dabei aufbauen auf die intensive Erfahrung in der klassischen Analyse, welche dem Patienten zwar nicht zu einer tatsächlichen Bearbeitung seiner Konflikte verholfen hatte, aber doch auch nicht spurlos an ihm vorübergegangen war. Den Wendepunkt im Behandlungsprozeß dieses Patienten bildete eine Gruppensituation, in der Therapeut und Gruppe konstatierten, daß der Patient eine sehr gestörte Mutter gehabt habe und daß es sehr schwer gewesen sein müsse, mit ihr zu leben. Von diesem Zeitpunkt an hörte das feindselige und provozierende Agieren des Patienten plötzlich auf. Er sagte: »Ich habe all die Jahre nach Verständnis gerufen, jetzt habe ich es zum ersten Mal bekommen.«

Eine Psychoanalyse, welche in der Standardsituation mit Empathie die Familiengeschichte mit durcharbeiten würde, welche im Gegensatz zur Kindheit dem Patienten Glauben schenkte und ihn zunächst einmal freispräche von der Alleinschuld an seiner Neurose, um sich dann mit ihm gemeinsam den Konflikten zuzuwenden mit denen er sich herumträgt, könnte meiner Erfahrung nach hier helfen, vorausgesetzt, daß der Patient über eine ausreichende Ich-Autonomie verfügt. Bei den Patienten, welche diese Ich-Autonomie nicht mitbringen, welche weder einen emotionellen Abstand zu der Welt der inneren Vorstellungen und Erlebnisse gewinnen können, noch sich freimachen können vom Angeklatschtsein an die Oberfläche der Tageswelt, da ist meines Erachtens die analytische Gruppenpsychotherapie der einzige Weg, dem Patienten durch die Gruppenstruktur die nötige Sicherheit und Autonomie zu verschaffen, um im handgreiflichen Hier und Jetzt der lebendigen Übertragungserscheinungen in der Gruppe seine Konflikte wiedererleben und durcharbeiten zu können.

Aus dem bisher Gesagten ergibt sich die Konsequenz einer divergierenden Indikationsstellung für die klassische Analyse und die analytische Gruppenpsychotherapie. Ich habe diese Position an anderer Stelle wiederholt formuliert (zuletzt Ammon 1969a, b; 1970a). Die folgende Tabelle ist ein Versuch, die Unterschiede in der therapeutischen Situation und die daraus sich ergebenden Unterschiede in der Arbeitsweise einander gegenüberzustellen (siehe Seite 114 und 115).

Wie wir sehen, beruht die differierende Indikation der beiden Therapieformen auf ihrer unterschiedlichen Dynamik. Die Standardsituation ist angelegt als eine Einladung zur Regression, die Couchtechnik verbunden mit der schweigenden Zurückhaltung des Analytikers erzeugt in der Regel eine Übertragungsneurose, begleitet von einer Regression von Libido- und Ich-Entwicklung bis zum Fixierungspunkt der neurotischen Fehlentwicklung. Voraussetzung ist eine ausreichende Ich-Autonomie, Ziel ist, die Verdrängung des pathogenen Konflikts aufzuheben. Der therapeutische Weg führt durch die intensive und kontinuierliche Durcharbeitung des intrapsychischen Konflikts zur Reintegration eines erweiterten Ichs. Im Zentrum der Bemühungen steht in diesem Prozeß der intrapsychische Konflikt. Zugunsten der Realität dieses inneren Konflikts tritt die äußere Realität in den Hintergrund, wie der Analytiker selbst, der sich dem Patienten als Spiegel, als Projektionsleinwand anbietet. Die äußere Realität wird systematisch ausgeblendet, bzw. dort, wo sie auftaucht, wird ihre Erfahrung bezogen auf die Position des zentralen intrapsychischen Konflikts.

Die Dynamik des Prozesses in der therapeutischen Gruppe ist eine andere. Als eine Vielpersonensituation mit der Öffentlichkeit des Sehens und Gesehenwerdens ist die Gruppe a priori eine soziale Realität. Sie repräsentiert als soziale Realität die Realität der Gesellschaft in der therapeutischen Situation. Wenn die Standardsituation die mit ausreichender Ich-Autonomie strukturell gegebene Realitätsfähigkeit voraussetzt und deren neurotische Einschränkung durch die kontrollierte regressive Auflösung der Ich-Strukturen zu beseitigen sucht, dann dient die analytische Gruppenpsychotherapie gerade jenen Patienten, deren eingeschränkte Ich-Autonomie ihre Konflikte relativ offen hervortreten läßt. Für den Beobachter, nicht für sie selbst. Es handelt sich um die Gruppe der sogenannten Psychopathen (Kurt Schneider 1962), ich ziehe es vor, von Borderline-Patienten zu sprechen. Die Standardsituation wäre bei diesen Patienten streng kontraindiziert, weil sie den Patienten nur stärker in die Krankheit und die Überflutung durch unbewußtes Material drängen würde, bzw. ihn zwingen würde, an seinen archaischen Abwehrmechanismen festzuhalten.

Die Gruppensituation mit ihren vielen »auxiliary egos« konfrontiert den einzelnen Patienten mit seinem Verhalten. Diese

Psychoanalyse	Analytische Gruppenpsychotherapie
1. Zwei Personen.	Mehrere Personen.
2. Ein Therapeut, ein Patient.	Therapeut und mehrere Patienten, die auch kotherapeutische Funktion haben als »auxiliary egos« füreinander und für den Therapeuten. Kontrolle der Gegenübertragung.
3. Artifizielle Zweiersituation. Der Therapeut als ein Spiegel für das Unbewußte des Patienten.	Reale gesellschaftliche Gruppensituation. Viele Spiegel, darunter trübe und klare.
4. Gesehenwerden ohne zu sehen für den Patienten. Sehen ohne Gesehenwerden für den Therapeuten. Gefahr der unkontrollierten Gegenübertragung.	Sehen und Gesehenwerden für Patienten und Therapeuten gleichermaßen. Der Therapeut als »participant observer«.
5. Rollenfixierung in feste Therapeuten- und Patientenrolle. Keine rivalisierende Auseinandersetzung, sondern Einzelkindsituation.	Keine Rollenfixierung in Therapeuten- und Patientenrollen. Rivalisierende Auseinandersetzung mit der Möglichkeit der Fraktionsbildung und -auseinandersetzung. Möglichkeit des Rollenwechsels.
6. Einsicht in den eigenen Konflikt setzt Einsicht in den eigenen Widerstand und dessen Auflösung voraus.	Einsicht in die eigenen Konflikte ist möglich durch Einsicht in die Konflikte anderer (Wiedererkennen). Verfestigte Abwehrformen können in der Gruppe dadurch umgangen werden.

	Psychoanalyse	Analytische Gruppenpsychotherapie
7.	Agieren wird als Störfaktor des therapeutischen Prozesses unter Herrschaft des Widerstandes interpretiert.	Agieren wird in die Gruppensituation integriert und wird zum therapeutischen Vehikel.
8.	Starke destruktive Affekte nur begrenzt tragbar.	Starke destruktive Affekte können aufgefangen und bearbeitet werden.
9.	Konflikte werden erlebt als Ausdruck individuellen Versagens, damit verbunden sind Schuldgefühle.	Konflikte werden erlebt als Ausdruck eines pathogenen Gruppenprozesses, an dem die einzelnen teilhaben. Das Schuldgefühl wird geteilt.
10.	Die Übertragungsneurose wird direkt induziert und konzentriert sich auf den Therapeuten. Starke Übertragungsangst nicht aufhebbar.	Zersplitterte Übertragung auf den Therapeuten und die Gruppenmitglieder. Starke Übertragungsangst dadurch auflösbar.
11.	Regression von Libido- und Ich-Entwicklung zur Aufhebung der Verdrängung.	Wiedererleben im Hier und Jetzt der Gruppensituation. Konfrontation und Reflexion.
12.	Nur ein Helfer, der allein entlohnt wird.	Mehrere Helfer, gemeinsame Entlohnung des Therapeuten bzw. der therapeutischen Institution.

Konfrontation ist eine andere, als die Spiegelung in der klassischen Analyse. Der Analytiker schweigt, und der Patient wird immer wieder zurückgeführt auf seine eigenen Übertragungen und Projektionen. In der therapeutischen Gruppe sind Therapeut und Gruppenmitglieder aber nicht nur Spiegel, Projektionsanlässe, sondern aktive Teilnehmer in einem interpersonalen Kommunikationsprozeß. Die Konfrontation mit der als Gruppenstruktur immer gegenwärtigen sozialen Realität – eine eingeschränkte und kontrollierte Realität – ist für den Patienten unmittelbar und unausweichlich. Die Mitglieder der Gruppe tragen ihre inneren Konflikte auf der Bühne der Gruppensituation aus, die inneren Konflikte werden dadurch zu äußeren, anschaubaren Konflikten. Im therapeutischen Prozeß der Gruppeninteraktion werden die auf dieser Bühne erscheinenden Konflikte verstanden und durchsichtig gemacht als Ausdruck der inneren Konflikte sowohl des einzelnen Patienten, wie auch der Gruppe als ganzer. Die inneren Konflikte der Patienten und der ganzen Gruppe, deren Farbe, Konturen und Dynamik im Verlauf dieses Prozesses allmählich immer deutlicher hervortreten, werden verstanden als Ergebnis und Ausdruck konfliktuöser Lebenssituationen in der frühen Lebensgeschichte der Patienten.

Der therapeutische Prozeß vollzieht sich daher in einer dialektischen Bewegung zwischen sozialer Realität der Gruppe und der Realität der inneren Konflikte ihrer Mitglieder, die ihre jeweils eigene Geschichte haben. Im Hier und Jetzt der Gruppe sind beide Momente der Situation immer präsent, sie werden miteinander vermittelt durch die Interpretation, an der alle Mitglieder der Gruppe beteiligt sind. Hierin, in der gemeinsamen Interpretation des Hier und Jetzt, des gelebten Augenblicks und seiner Geschichte, geschieht die therapeutische Arbeit.

Bei der neurotischen Reaktion bewirkt die pathogene Verdrängung eine Distanz zur Welt inneren Erlebens, welche durch die Regression in der Analyse aufgelöst und elastischer organisiert werden soll. Den schwergestörten Patienten in der therapeutischen Gruppe stellt ihr unentwickeltes Ich nur archaische Abwehrformationen bereit, besonders die beiden Formen der Überanpassung nach innen und nach außen. Durch Konfrontation und Reflexion ermöglicht es die Gruppensituation diesen Patienten, ihre abwehrenden und kontrollierenden und ihre schöpferischen Ich-Tätigkeiten zu differenzieren und miteinander zu integrieren.

Die klassische Analyse konzentriert sich auf die Erforschung und Bearbeitung des intrapsychischen Konflikts und beginnt im Verlauf der langandauernden Durcharbeitung dieses Konflikts die äußere Realität allmählich in die Analyse miteinzubeziehen. In der analytischen Gruppenpsychotherapie dagegen geht es zunächst einmal darum, den Patienten die Tatsache, daß in ihrem Verhalten unbewußte Konflikte sich ausdrücken, konfrontierend vor Augen zu führen und ihnen auf dieser Basis mit Unterstützung durch die »auxiliary egos« der teilnehmenden Gruppe die introspizierende Arbeit zu ermöglichen. Daran sind neben dem Therapeuten alle Mitglieder der Gruppe beteiligt, verbal und nonverbal. Was sie tun, ist immer ein Kommentar zu ihrer eigenen und zur Gruppensituation.

Die Gruppe lernt im Laufe ihrer Arbeit diese Kommentare zu verstehen, sie wird vertraut mit ihrer eigenen Dynamik als Gruppe und mit den spezifischen Weisen, in denen die einzelnen Mitglieder daran beteiligt sind. Die Beobachtung dieser spezifischen Dynamiken und der Reaktionen von einzelnen und der ganzen Gruppe darauf führt zu einer allmählich sich vertiefenden Einsicht in die unbewußten Konfliktkonstellationen der Gruppenmitglieder.

Je fester und differenzierter der Zusammenhang aus Verstehen und Verstandenwerden in der Gruppe wird – eine Entwicklung, die wir auch als die Entstehung eines autonomen Gruppen-Ichs beschreiben können –, desto mehr wird der Therapeut entlastet, und tritt das Gruppen-Ich an seine Seite als Möglichkeit und Einladung zur Identifikation. Im Zuge dieser Entwicklung kann die Gruppe zu immer tieferen Schichten der psychischen Konflikte ihrer Mitglieder und ihrer eigenen Dynamik fortschreiten, ein Prozeß, den ich an der Entwicklung aggressiver Äußerungen in der therapeutischen Gruppe erst kürzlich darzustellen versucht habe (Ammon 1970 g).

Die differierende Indikation, welche sich ergibt aus der unterschiedlichen Dynamik des therapeutischen Prozesses in der psychoanalytischen Standardsituation und der analytischen Gruppenpsychotherapie, darf uns jedoch den Blick nicht verstellen für ihre Gemeinsamkeiten. In beiden Situationen arbeiten wir mit dem Prinzip der Interpretation von Übertragung und Widerstand, in der therapeutischen Gruppe wird dazu die Interpretation der gruppendynamischen Prozesse miteinbezogen, von deren Gesetzen gleichermaßen Gebrauch gemacht wird, wie von denen der Psychoanalyse. Der Gemeinsamkeit in der methodischen Basis entspricht eine gemeinsame Zielsetzung. Dem Patienten soll verholfen werden zu einer Emanzipation von seinen infantilen Ängsten und Wiederholungszwängen; seine Fähigkeit zur Kommunikation nach innen und außen, mit seinen Wünschen ebenso wie mit den Erwartungen, die von außen an ihn gerichtet werden, soll wiederhergestellt werden. Das Ich soll in die Lage versetzt werden, der Angst zu widerstehen und in der Auseinandersetzung mit ihr seine Autonomie ständig zu erweitern. Aus dem Zustand der Entfremdung, der Depersonalisation, des Hingegebenseins an erstarrte und automatisierte Bezugsgewebe soll der Patient hervortreten, um als er selbst wieder existent zu werden. Der Weg, den die Therapie einschlägt, um dem Patienten zu dem Mut zu verhelfen, den ein solcher Schritt erfordert, ist abhängig von der Struktur des jeweiligen Konflikts. Im Verlauf des therapeutischen Prozesses wird der Versuch unternommen, die pathologischen Strukturen aufzulösen und neu zu organisieren durch die allmähliche Aufklärung des ihnen zugrunde liegenden Konflikts.

So wie es das Ziel der therapeutischen Arbeit ist, die versteinerten Verhältnisse der Pathologie in Bewegung zu bringen, so muß auch das therapeutische Programm beweglich bleiben. Es darf dem Prozeß der nachholenden Ich-Entwicklung weder vorauseilen noch ihm hinterherhinken. Es sollte ihm vielmehr zu jedem Zeitpunkt dieser Entwicklung so gut wie möglich korrespondieren (Ammon 1959). Den Prozeß der psychoanalytischen Therapie selbst können wir beschreiben als eine immer erneute Bemühung darum, die Diagnose und Indikation durch Interpretation zu vertiefen und zu differenzieren. Mir kommt es in diesem Zusammenhang vor allem auf zwei Punkte an:

1. Die Indikation der verschiedenen analytischen Therapieformen ist nichts starr Gegebenes, und es ist sehr wohl möglich, daß der therapeutische Prozeß eine Dynamik entwickelt, der im Rahmen einer einzigen Therapieform nicht angemessen korrespondiert werden kann.

2. Die Möglichkeiten, welche die verschiedenen Therapiefor-

men bereitstellen, multiplizieren und differenzieren sich, wenn verschiedene therapeutische Situationen und Programme miteinander kombiniert werden. Das bedeutet aber auch, daß die Möglichkeiten der Diagnose und Interpretation sich verfeinern.

Den weitesten Rahmen hat die psychoanalytische Milieutherapie. In Form mehrwöchiger Arbeitsgruppen in milieutherapeutischen Feldern im Bayerischen Wald und in Süditalien erweitert sie bei Notwendigkeit die gruppenpsychotherapeutische Arbeit in meiner Berliner Praxis, ähnlich wie ich dies in den Jahren meiner Tätigkeit in der Menninger-Klinik erfahren hatte mit den Kombinationen von Milieutherapie und Gruppenpsychotherapie, von Gruppenpsychotherapie mit klassischer Analyse oder von Milieutherapie mit Einzeltherapie usw. Von Bedeutung ist meines Erachtens die Tatsache, daß eine Psychoanalyse, die nicht ambulant und isoliert durchgeführt wird, sondern im Rahmen eines breiteren milieutherapeutischen Programms, eine ganz andere Qualität hat, weil die Einsicht in das tagtägliche Verhalten des Patienten der analytischen Arbeit Anhaltspunkte gibt, welche eine sehr viel differenziertere Arbeit erlauben, als dies ohne diese zusätzlichen Daten der verfeinerten Direktbeobachtung möglich wäre. Dasselbe gilt für die anderen möglichen Kombinationen, worin jedes Einzelprogramm die übrigen anregen und kontrollieren kann.

Als Freud Ende der zwanziger Jahre das erste psychoanalytische Sanatorium in Berlin-Tegel besuchte, war er beeindruckt von den Arbeits- und Forschungsmöglichkeiten, die sich aus der Offenheit der zum Milieu erweiterten Behandlungssituation ergaben. Er war der Meinung, jeder Analytiker sollte während seiner Ausbildung längere Zeit in einer solchen milieutherapeutischen Klinik arbeiten (Simmel 1929; 1936).

Die klaren Krankheitsbilder der Literatur sind in der Praxis eine Ausnahme. Eine eindeutige Indikation ist daher selten. An zwei Fällen möchte ich im folgenden zeigen, wie sich im Laufe des therapeutischen Prozesses die Indikation veränderte und welche Wirkung die Veränderung der therapeutischen Situation auf den weiteren Verlauf des therapeutischen Prozesses hatte.

Ein 24jähriger Jura-Student kam in die Analyse mit schwerster Depression und Alkoholabusus. Er lebte in einer chaotischen Liebesbeziehung zu einer 17jährigen Schülerin. Sein Studium hatte er unter schwerer Arbeitsstörung bis kurz vor das Abschlußexamen geführt. Er fühlte sich jedoch außerstande, es zu beenden.

Die analytische Situation wurde bei diesem Patienten bestimmt von seinen mit monotoner Stimme vorgetragenen Klagen über Lieblosigkeit und Verständnisunfähigkeit seiner Eltern. Er selbst befand sich dabei in einem Zustand des Abgetretenseins. Der symbiotische Sog, welcher ausgehend vom Patienten die therapeutische Situation und die Gegenübertragungsphänomene bestimmte, konnte durch Interpretation nicht in Bewegung gebracht und differenziert werden.

Obwohl es dem Patienten gelang, im Laufe seiner mehrjährigen Analyse seine äußere Situation zu »ordnen« – er konnte sein Studium erfolgreich beenden, in guter Stellung seine Berufsarbeit beginnen, konnte heiraten und zwei Kinder in die Welt setzen –, blieb die »innere« Situation, d. h. die des therapeutischen Prozesses unverändert. Der Patient unterbrach sein monotones Klagen nur, wenn er gelegentlich mit dem Ausdruck heftiger Aggression dem Therapeuten vorwarf, daß er ihn gezwungen habe, sein Studium erfolgreich abzuschließen und zu heiraten.

Dieser Patient hatte in früher Kindheit in einer traumatischen Erfahrung eine schwere narzißtische Schädigung erlitten. Er war als dreijähriger Junge mit dem Fuß in den Rasenmäher geraten und hatte sich eine Zehe abgeschnitten. Nach der ärztlichen Behandlung, die Zehe mußte angenäht werden, hatte er eine tiefe Verlassensangst erfahren, die von den Eltern nicht erkannt und mit oberflächlichen Tapferkeitsappellen übergangen worden war. Vom Analytiker verlangte er eine intensive und andauernde Zuwendung. Sein narzißtisches Defizit setzte ihn jedoch außerstande, der therapeutischen Interpretation anders als mit Haß und Aggression zu begegnen, weil er sie als die oberflächliche Zuwendung erfuhr, die er von der Mutter erhalten hatte. Aus diesem Grund war er auch nicht in der Lage, sich seine äußeren Erfolge wirklich anzueignen, sie blieben ihm fremd und waren als solche für ihn Ausweis seines Unglücks.

In Bewegung kam der therapeutische Prozeß dieses Patienten erst dann, als seine therapeutische Situation sich veränderte und er in eine therapeutische Gruppe aufgenommen wurde. Diese reagierte mit Betroffenheit auf seine monoton vorgetragene Litanei. Während auf der einen Seite sein Schicksal die Teilnahme der Gruppe mobilisierte, rief andererseits die Unzulänglichkeit, welche der Patient dieser Teilnahme entgegensetzte, heftige Aggressionen in der Gruppe hervor. Der Patient, welcher in der Standardsituation allen Interpretationen einen symbiotischen Sog entgegengesetzt hatte, auf dem er beharrte und von dem sich zu distanzieren er nicht in der Lage war, wurde in der Gruppe mit seinem Verhalten nun so konfrontiert, daß er sich einer Einsicht nicht mehr abwehrend entziehen konnte. Es gelang ihm erstmalig, das Gefühl der Isolation zu überwinden, woran er in der Analyse zäh festgehalten hatte, und in einer Reihe dramatischer Sitzungen gelang es den »auxiliary egos« der Gruppe, ihn aus dem selbsthypnotischen Zustand der Abwesenheit zu befreien, in den er bei der Schilderung seiner Leiden regelmäßig versank.

In einem anderen Fall verlief die Entwicklung umgekehrt.

Eine 27jährige Soziologiestudentin nahm etwa 2 Jahre lang teil an einer psychotherapeutischen Gruppe. Sie hatte die Praxis aufgesucht wegen schwerer Arbeitsstörungen und Depressionen. Obwohl es ihr im Lauf der Therapie gelang, ihre äußere Situation zu reorganisieren, ihr Studium wieder aufzunehmen und erfolgreich fortzuführen, blieb auch hier die »innere Situation« des therapeutischen Prozesses arretiert.

Sie terrorisierte die Gruppe, indem sie deren therapeutische Aufmerksamkeit auf sich zog und ihr gleichzeitig widerstand. Ihre destruktive Aggression äußerte sich gerade in dieser Blokkade des Gruppenprozesses, den sie gleichzeitig beherrschte, ohne an ihm wirklich teilzunehmen.

Diese Patientin war in der ständigen Angst vor dem Liebesentzug durch die Mutter aufgewachsen, und ihre Ich-Entwicklung war charakterisiert durch eine archaische Verarmung der Emotionalität verbunden mit einer glänzenden Entwicklung der intellektuellen Funktionen. Mit Hilfe der letzteren verschaffte sie sich die Befriedigung ihres reaktiven Narzißmus, versperrte sich dadurch aber auch den Zugang zu ihren archaischen Ängsten und Aggressionen. Ihre intellektuelle Beweglichkeit trug ihr den Neid, ihre emotionale Starrheit die Aggression ihrer Mitpatienten ein. Sie erlebte daher in der Gruppe eine starke Geschwisterrivalität, die auch ihre Kindheit bestimmt hatte.

Es war der Gruppe unmöglich, ihr Bedürfnis nach ununterbrochener Aufmerksamkeit und Zuwendung zu befriedigen, ebensowenig gelang es, die Patientin zu bewegen, ihren Mitpatienten wirkliches Interesse entgegenzubringen.

Als sie nach zwei Jahren in der therapeutischen Gruppe ihre Arbeit in einer Einzelanalyse fortsetzte, wurde es möglich, diese narzißtische Blockierung direkt anzugehen und durchzuarbeiten.

Die beiden Beispiele zeigen, wie im Verlauf des analytischen und therapeutischen Prozesses Diagnose und Indikation sich differenzierten. Wichtig ist dabei, daß der Wechsel der therapeutischen Situation im Rahmen eines Behandlungsweges erfolgte, in diesem Fall im Rahmen derselben Praxis, daß also die Therapie nicht hier abgebrochen und dort neu begonnen wurde, sondern daß die Kontinuität des therapeutischen Bündnisses gewahrt wurde. Diese Kontinuität der therapeutischen Beziehung im Wechsel ihrer Arbeitssituationen ist meines Erachtens das entscheidende therapeutische Agens.

Wie die Forschungen der psychoanalytischen Ich-Psychologie gezeigt haben, hat eine gelingende Ich-Entwicklung zur Voraussetzung die stabile Vertrauensbasis, welche durch eine befriedigende Beziehung zur Mutter während der ersten Lebensjahre hervorgebracht wird (Ammon 1970d; Erikson 1965). Ist diese Vertrauensbasis gestört, und das ist bei den archaischen Konfliktformen, auf die wir zunehmend stoßen (Ammon 1970a) durchweg der Fall, dann muß die Therapie zunächst eine Kontinuität organisieren, deren psychische Repräsentanz das Vertrauen ist. Dies kann nicht einfach dadurch geschehen, daß die therapeutische Situation möglichst unverändert beibehalten wird, sondern daß gerade im Wechsel der Situation die Kontinuität der Beziehung erfahren werden kann.

Dafür bietet die therapeutische Gruppe selbst viele Möglichkeiten, eben darin liegt ihr Milieucharakter. Einerseits ist in ihr die starre Rollentrennung von Therapeut und Patient aufgehoben, der Therapeut als »participant observer« ist Mitglied der Gruppe, zum andern aber erlaubt die Gruppensituation den Patienten ebenso wie dem Therapeuten die direkte Beobachtung des Gruppenprozesses und der Situation des einzelnen darin. Der Patient sieht sich also konfrontiert mit einem ganzen Spektrum psychischer Störungen verschiedener Schwere. Er kann vergleichen, kann Veränderungen zum Guten und zum Schlechteren beobachten und gewinnt dadurch eine Einsicht in die Prozesse von Krankheit und Gesundung, die ihm für seine Selbsterfahrung sehr hilft. Er wird aber ebenso selbst erlebt von den anderen, konfrontiert mit einem Bild von sich selbst, mit dem er sich auseinandersetzen kann.

Diese offene Gruppensituation ist, wie das letzte Beispiel zeigt, ein diagnostisches Instrument von weit größerer Präzision, als sie in der Einzelsituation erreicht werden kann. Aus dem gleichen Grund dient die therapeutische Gruppe der Forschung. Sie übertrifft darin die Standardsituation, welche die Anwesenheit Dritter nicht zuläßt.

Die Erweiterung der therapeutischen Situation in der Gruppe hat daher unsere Forschungsmöglichkeiten für das Studium psychischer und sozialer Prozesse erheblich erweitert (Ackerman 1949). So haben z. B. die Konstruktionen der psychoanalytischen Ich-Psychologie erst in der Gruppenforschung ihre tatsächliche Verifikation und Präzisierung erfahren (Ammon 1969a; 1969e; 1970a; 1970g). Von dieser Basis ergab sich auch die Möglichkeit einer gründlichen Kritik und Kontrolle psychoanalytischer Arbeit und Ausbildung (Ammon 1970h; Grotjahn 1969).

Mit vielen Kollegen beobachte ich in den letzten Jahren eine immer deutlicher hervortretende Veränderung der Symptomatik psychischer Erkrankung. Ich mache die Erfahrung, daß an die Stelle der klassischen ödipalen Neurose, wie Freud sie studiert und behandelt hat, mehr und mehr Äußerungen präödipaler Konflikte treten, die ich zusammenfassend als dem Symbiosekomplex zugehörig bezeichnen möchte (Ammon 1969d; 1969e; 1970a; 1970c).

Der pathogene Konflikt resultiert hier aus einer Störung der frühen Mutter-Kind-Beziehung, zu einem Zeitpunkt, an dem das sich entwickelnde Ich noch ganz besonders abhängig ist von den Erfahrungs- und Kommunikationsweisen der umgebenden Gruppe, denn die Situation der Symbiose ist nichts isoliert Individuelles im Sinne einer inselhaften Dyade. Die Mutter ist Teil einer Gruppe. Wie sie sich mit ihrem Kinde verständigt und was sie ihm mitteilt, hängt davon ab, wie sie mit und in der Gruppe kommunizieren kann. Dem Kinde gegenüber repräsentiert sie die Gruppe, und diese Repräsentation wird verschieden sein je nachdem, ob die Gruppe als ganze in der Lage ist, den

Bedürfnissen des Kindes elastisch zu korrespondieren oder ob sie diesen Bedürfnissen starr und reglementierend begegnet.

Ich meine, daß in der sich verändernden Dynamik der psychischen Erkrankung eine sich verändernde Dynamik der gesellschaftlichen Prozesse zum Ausdruck kommt. Denn die Erfahrungsweise und die Kommunikationsweise von Gruppen, und das heißt auch der Familie, lassen sich nicht isolieren von ihrem sozialen Ort und von der Organisation und der Entwicklung der Gesamtgesellschaft. Diese jeweils spezifischen Bestimmungen haben als wichtige Faktoren teil am Prozeß der Ich-Entwicklung, und ihre Veränderung bleibt für diese nicht ohne Folgen. Identität, mit Erikson (1965) zu sprechen, ist eine historische Organisation, und die Konflikte, durch die hindurch sie gewonnen wird, sind ebenfalls historisch spezifische Stationen einer größeren Entwicklung der Gesamtgesellschaft.

Wir beobachten, wie an die Stelle des relativ übersichtlichen Gerüstes patriarchalischer Herrschaftsformen zunehmend ein bürokratisches Geflecht immer größer werdender miteinander sich verfilzender Organisationen tritt, die vom einzelnen immer seltener als Identität gewährend erfahren werden können, die Aufstieg vielmehr nur um den Preis der Aufgabe dieser Identität erlauben. Die kooperierende Gruppe dagegen erscheint den einzelnen immer stärker als Bedingung und Chance individueller Selbstverwirklichung in der Auseinandersetzung mit den großen Apparaten, d. h., daß auch die Vorstellung der Individuen von der Form möglicher Selbstverwirklichung sich verändert. Die Gruppe wird wiederentdeckt. Die meisten der Patienten, welche meine Praxis aufsuchen, tun dies, weil sie auf der Suche nach einer solchen Gruppe sind. Häufig kommen sie in die Behandlung, weil ihre Versuche, in Gruppen sich zu organisieren, gescheitert sind (Ammon 1970c; 1970d; Hillmann 1970).

Die Veränderung der Bedingungen, unter denen Ich-Entwicklung heute erfolgt, ist eine Realität, ob wir diese Veränderung für glücklich und segensreich halten oder nicht. Psychoanalyse, welche freiwillig oder unfreiwillig sich dieser veränderten Realität verschließt in dem Glauben, in der Standardsituation die Wirklichkeit garantiert zu haben, gerät in die Gefahr der Isolierung und Irrelevanz. Für mich ist in diesem Zusammenhang die folgende Überlegung entscheidend:

Die Beschränkung der psychoanalytischen Praxis auf einen

individualpsychologischen Ansatz ist verhängnisvoll. Den kranken Menschen in der Therapie zu behandeln als einen, der alle Möglichkeiten hätte, wenn er nur seine neurotische Reaktion durchschauen und korrigieren lernte, ist falsch und in seinen Konsequenzen inhuman. Der Mensch lebt und entwickelt sich in der Realität seiner Gruppe. Diese Realität hat Grenzen, die auch die seinen sind. Daß eine Gruppe ihren Mitgliedern gegenüber feindselig sich verhalten, daß sie die Individuen verstümmeln, sie in Krankheit und Selbstzerstörung treiben kann, ist eine Realität, auf die wir in der gruppenpsychotherapeutischen Arbeit immer wieder stoßen. In einer solchen Situation aber ist es nicht die Neurose, welche den Menschen fesselt, sondern die destruktive Dynamik der Gruppe, welche in der Krankheit des einzelnen sich manifestiert. Einem Menschen in solcher Lage in der psychoanalytischen Therapie die Bearbeitung seiner Schwierigkeiten als einer allein individuellen Krankheit anzubieten, heißt, ihn noch einmal der Hilfe zu berauben und ihn in der Beschränkung der Individualität in eine Einsamkeit hineinzumanövrieren, die als menschliche Erfüllung allein die Resignation gestattet.

Der frühe Freud (1896) glaubte, was seine Patienten über ihre Erfahrungen in der Familiengruppe ihm berichteten. Er hielt die Erinnerungen an die Verführungen durch die Eltern noch nicht für das Produkt der kranken Phantasie. Unsere Schizophrenieforschung hat sehr viel empirisches Material zutage gefördert, was diesen Patienten recht gibt, und ich meine, daß unsere therapeutische Haltung gegenüber dem Patienten, der von der Feindseligkeit der Gruppe berichtet, worin er aufgewachsen ist, eine Haltung verstehender Empathie sein sollte und daß wir keinesfalls dieses Gruppenerlebnis »weganalysieren« und zur individuellen Phantasie erklären dürfen, was die tatsächliche Erfahrung des Patienten gewesen ist.

Wir haben hier einen Punkt von kardinaler Wichtigkeit erreicht. Sollen wir unseren Patienten glauben oder nicht? Sollen wir annehmen, daß sie vor allem leiden unter ihren eigenen destruktiven Neigungen und asozialen Wünschen, daß es ihre eigene Triebnatur ist, die ihnen so viel Schmerzen bereitet, und daß die Feindseligkeit, von der sie berichten, die Projektion ihrer eigenen Strebungen auf ihre Umgebung ist, oder müssen uns nicht unsere Beobachtungen gesellschaftlicher Prozesse, der Dynamik von Familiengruppen und jener Prozedur, welche bei uns Erziehung heißt, zu der Erkenntnis verhelfen, daß destruktive Aggression zuerst ein Merkmal kranker Gruppen ist und nicht die natürliche Mitgift des Neugeborenen?

Ich habe in einer Reihe von Arbeiten zu zeigen versucht (Ammon 1969g; 1970a; 1970c; 1970g), wie destruktive Aggression resultiert aus dem Nichtzustandekommen gelingender Kommunikation und habe darauf hingewiesen, daß ein solches Scheitern seine jeweils spezifischen Ursachen hat, die in der ganzen Situation, der Gruppensituation, aufgesucht werden müssen, und nicht als ein abstrakt Böses, wie dies die Todestrieblehre tut, im Individuum vermutet werden sollten. Psychoanalytische Gruppenpsychotherapie, wie ich sie vertrete und praktiziere, legt daher auf die Dynamik der Gesamtgruppe großen Wert, denn gerade das Geflecht der interpersonellen Beziehungen und dessen Dynamik eröffnet uns den Zugang zu den Konflikten der desintegrierten Person. Ein Konzept, wie das der Bionschen Schule (Bion 1961), welche die Gruppe behandelt als eine einzige Person, die dann nach orthodoxem Muster analysiert wird, scheint uns gerade der Möglichkeiten sich zu begeben, welche die Gruppe bietet.

Zusammenfassend möchte ich sagen: Die Entwicklung der psychoanalytischen Milieu- und Gruppentherapie hat unsere Einsicht in die pathogenen Prozesse, welche die psychische Krankheit hervorbringen, erweitert und differenziert. Diese Entwicklung muß, so meine ich, die Psychoanalyse selbst verändern. Dort, wo Psychoanalyse identifiziert wird mit ihrer historisch gewordenen Gestalt und als Aufgabe vor allem gesehen wird, sie in dieser Form zu konservieren, wird zwischen der analytischen Gruppenpsychotherapie und der orthodoxen Psychoanalyse ein ähnliches Schisma entstehen, wie es noch immer das Verhältnis von Psychoanalyse und Psychiatrie bestimmt. Diese Isolation bildet aber die stärkste Bedrohung der emanzipatorischen Arbeit, welcher die lebendige Wissenschaft der Psychoanalyse dienen will. Was Rapaport (1959) über die verfrühte Systematisierung der psychoanalytischen Theorie sagt, daß sie nämlich die wachsende Wissenschaft ihrer Potenz beraube, das gilt auch für die therapeutische Praxis, die ohnmächtig wird, wenn sie ihre verschiedenen Therapieformen ängstlich voneinander trennt.

IX. Gruppe und Aggression

Eine psychoanalytische Untersuchung zur Aggressionsdynamik der Familiengruppe

Die Revolte der Jugendlichen, welche ausgehend von den Universitäten immer weitere Kreise zieht und allenthalben die Organe der etablierten Macht zu beunruhigen begonnen hat, lenkt unsere Aufmerksamkeit nicht allein auf die Struktur gesellschaftlicher Institutionen wie Universitäten, Schulen und Betriebe, sondern auch auf die Struktur jener anderen sozialen Gruppe, die zu diesen in einem noch näher zu bestimmenden Gegensatz steht. Ich meine die bürgerliche Kleinfamilie, aus der die meisten der revoltierenden Jugendlichen hervorgehen und gegen deren Lebensform sie ebenso heftig sich wenden, wie gegen die erstarrten Strukturen der großen sozialen Apparate.

Die sogenannten gewaltsamen Aktionen, die mit dieser Revolte verbunden sind, wie auch die mannigfachen Formen von Selbstzerstörung, die wir in ihrem Zusammenhang erleben, konfrontieren uns mit der Frage nach der Beziehung zwischen Gruppe und Aggression, genauer nach den Gruppenbedingungen, welche destruktives Verhalten hervorbringen.

Es ist interessant zu sehen, daß Freud in der einzigen Untersuchung, die er gruppendynamischen Problemen widmete, in *»Massenpsychologie und Ich-Analyse«* (1921), das Problem von Gruppe und Aggression ausdrücklich als Problem der Intimgruppe der bürgerlichen Kleinfamilie bezeichnete, die er mit dem bekannten Gleichnis der Schopenhauerschen Stachelschweine als einen Herd aggressiver Spannungen beschrieb, welche allein durch Verdrängung der Wahrnehmung entzogen blieben. Ich möchte mich im folgenden darauf konzentrieren, diesem Freudschen Gedanken nachzugehen und die Rolle der bürgerlichen Familiengruppe in der Genese destruktiver Aggression zu untersuchen.

In den Jahren 1965–1970 hatte ich Gelegenheit, die Gruppendynamik der Familien von 673 Studentenpatienten zu untersuchen. 183 Patienten wurden innerhalb von 13 analytischen Gruppen über Jahre hinweg behandelt. Die Ehepartner von 18

Patienten wurden in Parallelgruppen therapiert. 17 Patientenkinder konnten im psychoanalytischen Kindergarten beobachtet werden, welcher die gruppenpsychotherapeutische Arbeit begleitet. 11 Patienten wurden während dieser Zeit in klassischer Analyse gesehen. 65 Patienten aus den therapeutischen Gruppen nahmen periodisch an milieutherapeutischen Einsätzen teil. Die übrigen Patienten wurden in jeweils drei bis acht tiefenpsychologisch fundierten Interviews im Rahmen der psychotherapeutischen Beratungsstelle der Studentenvertretung der Freien Universität Berlin untersucht.

Hinsichtlich der Gruppendynamik der Familien ergaben diese Untersuchungen folgende Merkmale:

1. In 98 Prozent der Fälle waren die Patienten in einer Kleinfamilie aufgewachsen, ohne Einbeziehung von Großeltern, Anverwandten oder Freunden.
2. In 28 Prozent der Fälle war kein Vater vorhanden, er war entweder im Kriege gefallen oder die Eltern lebten getrennt.
3. In 70 Prozent der Fälle spielte der Vater bei der Erziehung der Kinder die Rolle einer Randfigur und die Mutter dominierte in der Entwicklungssituation.
4. In 82 Prozent der Fälle lag die psychische Störung in einer sehr frühen Mutter-Kind-Schwierigkeit begründet, die durch eine symbiotische Ambivalenz mit der ständigen Sorge um Objektverlust gekennzeichnet war.
5. In 92 Prozent der Fälle kamen die Patienten aus kleinbürgerlichem Mittelschichtenmilieu.
6. In 30 Prozent der Fälle konnten die Mütter in mehreren Interviews untersucht werden. Es handelte sich in der Regel um frustrierte Menschen, die, auch wenn die Ehe formell intakt geblieben war, von ihren Männern enttäuscht waren und resigniert hatten.
7. In 92 Prozent der Fälle zeigten die Patienten das klinische Bild depressiver Reaktion, verbunden mit destruktiv-aggressiver Problematik.

Kernproblem bei fast allen Patienten waren Probleme der Identitätsfindung, verbunden mit mittleren bis schwersten Arbeitsstörungen. Während der gruppenpsychotherapeutischen Prozesse konnte ein Wechselspiel zwischen Depression und destruktiver Aggression beobachtet werden. Nicht nur innerhalb des therapeutischen Prozesses selbst wechselten Depression und

Destruktion, auch wenn Destruktion in der Lebenssituation außerhalb der Gruppe ausgelebt wurde, war dies regelmäßig verbunden mit einer Erleichterung der Depression und einem Stagnieren der therapeutischen Arbeit. In der gruppenpsychotherapeutischen Situation zeigten die Patienten einerseits Angst vor der Gruppe, die als die Mutter erlebt wurde, von der die meiste Aggression erfahren worden war. Andererseits empfanden sie die Situation der Gruppenöffentlichkeit als befreiend, insbesondere die Möglichkeit, in dieser Öffentlichkeit ihre Ängste mitteilen zu können, was ihnen in der Kindheit nicht möglich gewesen war.

Als krankheitsverursachend trat in allen Fällen eine schwerwiegende Blockierung der intrafamilialen Kommunikation hervor, die zum Teil in der objektiven Zerstörung der Familienstruktur – etwa durch Trennung der Ehe – ihren Ausdruck gefunden hatte, die in der Mehrzahl der Fälle jedoch hinter der Fassade bürgerlicher Intaktheit verborgen geblieben war.

Die patriarchalische Kleinfamilie, wie sie das aus feudaler und absolutistischer Abhängigkeit sich emanzipierende liberale Bürgertum entwickelte, wurde von seinen Ideologen begriffen als eine sich emanzipierende Gruppe. Als eine auf Freiwilligkeit begründete Liebesbindung mit dem Ziel gemeinsamer Selbstverwirklichung sollte sie im Sinne des Wortes die Heimstatt der im Prozeß der Selbstverständigung sich herstellenden Humanität sein. Die Freudsche Enthüllungspsychologie beschrieb diese Heimstatt als den Schauplatz mörderischer Konflikte und lebensgefährlicher Entwicklungskrisen. Sie unterzog damit ein bürgerliches Selbstbewußtsein der aufklärerischen Kritik, das in viktorianischer Saturiertheit die emanzipatorische Programmatik seiner Anfänge verdrängt und zugunsten der Verteidigung und Konsolidierung seiner Herrschaft aufgegeben hatte. Ich möchte diese kritische Tendenz der Freudschen Theorie um so mehr betonen, als seine naturwissenschaftlich orientierte Systematik ihm die bürgerliche Familie als eine unentbehrliche und das heißt auch als eine nicht zu verändernde soziale Instanz erscheinen ließ, vermittels derer die Kultur sich gegen die feindseligen Regungen derer beschützt, die von ihren Anforderungen betroffen sind.

Inzwischen gehört die patriarchalische Kleinfamilie, wie Freud sie noch beschrieb, weitgehend der Vergangenheit an. Die sozialen Aufgaben, welche von ihr ehemals wahrgenommen wurden – Erhaltung und Vermehrung des Familienkapitals, Sicherung gegen die großen Risiken wie Unfall, Arbeitslosigkeit, Krankheit, Alter und Tod und die Aufzucht und Erziehung der Kinder – sind der Familie heute weitgehend entzogen und Sache staatlicher oder quasistaatlicher Organisationen. Die Polarisierung der Lebensbereiche in eine zunehmend sich verselbständigende »Arbeitswelt« und einen Privatbereich, der auf die Intimsphäre der Kernfamilie zusammengeschrumpft ist, hat mit der Trennung auch zu einer Entleerung beider Bereiche geführt. Die Arbeitswelt, von sozialen Großorganisationen verwaltet, ist der Initiative und dem Einfluß der in ihr tätigen Individuen entzogen. Als Bereich möglicher Selbstverwirklichung wird sie nur von wenigen erfahren. Die aus dem Prozeß der gesellschaftlichen Arbeit gänzlich herausgelöste Familie wird mehr und mehr zur bloßen Konsumentengemeinschaft, zum Ort einer Freizeit, die als Möglichkeit der individuellen Entfaltung um so weniger genutzt werden kann, als sie gerade in der Trennung gänzlich bezogen bleibt auf die entfremdete Arbeitswelt.

Die Freizeit, deren kontinuierliche Ausdehnung für die Unerfülltheit und die Frustrationen des Berufes entschädigen soll, bleibt mit eben diesen Enttäuschungen belastet, für die sie keine Entschädigung bieten kann. Die Familie wird zum Schuttabladeplatz der Aggressionen, welche in der menschenfeindlich organisierten Arbeitswelt sich aufstauen. Gerade der Verlust ihrer sozialen Funktionen hat sie zu jenem Vakuum werden lassen, in das hinein die psychischen Spannungen sich entladen.

Das vielfach konstatierte Verschwinden der väterlichen Autorität und der damit verbundene Zerfall der innerfamilialen Rollenstruktur hat die Familiengruppe einerseits symbiotisch verengt, andererseits ein beziehungsloses Nebeneinander der Familienmitglieder entstehen lassen. In beiden Fällen kann die Familiengruppe ihrer traditionellen Aufgabe, nämlich ihren Mitgliedern zur Entwicklung und Entfaltung individueller Identität zu verhelfen, nicht mehr gerecht werden. Das beziehungslose Nebeneinander einer bloßen Konsumentengemeinschaft bietet keine der für eine gelingende Ich-Entwicklung unentbehrlichen Identifikationsmöglichkeiten. Die symbiotische Reaktion aber, welche vor dieser drohenden Beziehungslosigkeit in eine Bindung flüchtet, die dem einzelnen die Entwicklung eigener Identität nicht erlaubt, entfaltet die pathogene Dynamik der sogenannten schizophrenogenen Familie. Der Prozeß fortschreitender Selbstverständigung und Ich-Entwicklung, so können wir sagen, wird in der Kleinfamilie eher blockiert als gefördert.

Zu dieser Entwicklung tritt erschwerend ein Umstand hinzu, in dem ich den Kern der gegenwärtigen Schwierigkeiten zu erkennen glaube. Der zur engen Intimsphäre zusammengeschrumpfte Lebensbereich der Privatheit hat, wie Habermas in *»Strukturwandel der Öffentlichkeit«* (1962) gezeigt hat, den gesicherten Zugang zur Öffentlichkeit verloren, über den die patriarchalische Familie der liberalen Ära in den Institutionen der bürgerlichen Literatur und ihrer Salons verfügte. Diese waren das Forum einer öffentlichen Selbstverständigung gewesen, worin die Individuen in postulierter Freiheit, Gleichheit und Brüderlichkeit die Konflikte diskutierten, in die ihr emanzipatorisches Vorhaben der Selbstverwirklichung geriet, angesichts des Zwanges zur Integration in die Konkurrenzgesellschaft des liberalen Kapitalismus. Freuds Erforschung der psychischen Entwicklungsprozesse können wir als einen Beitrag zu dieser bürgerlichen Selbstaufklärung begreifen, deren revolutionäres Moment von Anfang an in dem Versuch einer Verknüpfung subjektiver Lebensproblematik mit der sozialen Öffentlichkeit gelegen hatte. Mit der Aufdeckung der Dynamik des Unbewußten ging Freuds Selbstaufklärung allerdings weit hinaus über alles, was vorher in dieser Richtung geschehen war. Andererseits hatte zu seiner Zeit die bürgerliche Öffentlichkeit ihren aufklärerischen Elan schon verloren und war eher bestimmt vom Interesse an einer Mystifikation ihres Herrschaftssystems. So wurde der psychoanalytische Beitrag zur Selbstverständigung der Individuen mit Vehemenz abgewiesen und diffamiert, und eine korrumpierte bürgerliche Öffentlichkeit versuchte durch Verschweigen die Erkenntnisse der Psychoanalyse aus ihrem Diskussionszusammenhang zu verdrängen, den Freud als einen Zusammenhang von Rationalisierungen entlarvt hatte.

Daran hat sich inzwischen wenig geändert. Zwar gehören psychoanalytische Erkenntnisse mittlerweile zum kategorialen Fundus reflektierender Erhellung der menschlichen Situation. Dem Gewicht, das die Psychoanalyse für die Gesellschaftswissenschaften gewonnen hat, entspricht jedoch keineswegs das Ausmaß praktischer psychoanalytischer Arbeit, und besonders in der deutschen Psychiatrie und Sozialarbeit hat die Psychoanalyse bisher nur bescheidene Terraingewinne verzeichnen können, im Unterschied zu den Vereinigten Staaten, wo Sozialarbeiter, mit deren psychoanalytischer Ausbildung einst Otto Rank in großem Maßstab begonnen hatte, im Sinne des »case work« den Radius psychoanalytischer Arbeit bedeutend erweitert haben.

Es heißt der bedeutenden Leistung Freuds sicherlich keinen Abbruch tun, wenn wir darauf hinweisen, daß die Psychoanalyse selbst an den Schwierigkeiten, auf die ihre Realisierung als Sozialarbeit gestoßen ist, nicht unbeteiligt ist. Sie war seit ihren Anfängen konzentriert auf den einzelnen, eine Konzentration, die für die Ausbildung der therapeutischen Technik und der Theorie unumgänglich war. Der mit dieser Beschränkung verbundenen Gefahr sozialer und das heißt letztlich auch therapeutischer Resignation hat sie aber häufig sich leider nicht erwehren können. Die Entwicklung der psychoanalytischen Ich-Psychologie und der analytischen Gruppen- und Familienforschung hat, verbunden mit den neuen Praxisformen der analytischen Milieu- und Gruppentherapie, die Möglichkeiten der psychoanalytischen Sozialarbeit entscheidend verbessert.

In unserem Zusammenhang ist dabei ein Umstand von besonderer Bedeutung. Die Erforschung der pathogenen Dynamik von Patientenfamilien hat uns gelehrt, daß die Berichte der Patienten über in der Familiengruppe erlittene destruktive Aggression keineswegs, wie Freud später annahm, phantastischer Ausdruck der Triebwünsche des Patienten sind, daß diesen Berichten dagegen, wie auch Freud in seinen Anfängen meinte, tatsächliche Realvorgänge in der Familiengruppe entsprechen. Besonders die Erforschung der sogenannten schizophrenogenen Familiengruppe hat uns die Prozesse gezeigt, vermittels derer eine kranke Familiengruppe ihre schwächsten Mitglieder durch »double-bind-Situationen«, Verführung und Mystifikation in die Verrücktheit geradezu drängen. Ich möchte hier das kurze Beispiel einer Familiensituation geben, die ich vor einigen Tagen in einer kleinen italienischen Trattoria beobachten konnte.

Eine etwa 10köpfige Familie, Kinder, Eltern und Großeltern, nahm Platz um einen großen rechteckigen Tisch, um gemeinsam zu Abend zu essen. Eine Pizza wurde gebracht, lange bevor die übrigen Speisen serviert wurden. Sie war bestimmt für einen kleinen etwa 4–5 Jahre alten Jungen. Er saß zwischen Vater und Mutter an der Ecke des Tisches und wurde nun gezwungen, die Pizza zu essen. Der Vater des Knaben zerschnitt sie in kleine Happen, die Mutter spießte sie auf die Gabel, führte diese mit der Hand des Jungen oder stopfte sie auch selbst in den immer gefüllt bleibenden Mund. Nach jedem Bissen säuberte sie den Mund mit einer Serviette. In kleinen Abständen hielt sie ihm ein Glas an die Lippen, um ihm schluckweise Wasser einzutrichtern. Der vollkommen hilflose Junge durfte keine eigene Bewegung machen, außer zu kauen und zu schlucken, was ihn sichtlich Überwindung kostete. Protest wurde nicht geduldet. Seine Bewegungen wurden ständig kontrolliert und korrigiert. Er hatte es aufgegeben, sich zu wehren, wurde nicht böse oder aggressiv, sondern flatterte nur gelegentlich hilflos mit den kleinen Armen. Mich erinnerte diese Fütterung lebhaft an die Tortur, mit der Gänse genudelt werden, um eine möglichst große Leber zu entwickeln, eine Fütterungsweise, die als Tierquälerei gesetzlich verboten ist. Die gesamte Familiengruppe folgte dem Schauspiel aufmerksam und ließ sich nichts entgehen. Die Mutter trug ununterbrochen ein maskenhaftes, konventionell liebevolles Lächeln auf dem Gesicht, und am ganzen Tisch war niemand, der die Partei des Jungen ergriffen hätte.

Dieses Beispiel steht hier für viele andere. Es zeigt uns, wie eine Familiengruppe ihrem schwächsten Mitglied mit einer als Fürsorge verstandenen Aggression begegnet, ohne daß es diesem möglich wäre, seinen Protest anzumelden und durchzusetzen, bzw. der Aggression sich zu entziehen. Von einer gelingenden Interaktion in dieser Familiengruppe können wir angesichts der beschriebenen Vergewaltigung des Knaben nicht sprechen. Vielmehr erkennen wir darin die aggressive Verstümmelung des Kommunikationsprozesses in der Gruppe. Eine Psychotherapie, welche die aus einer solchen zerstörerischen Dynamik resultierenden psychischen Störungen als lediglich individuelle Krankheit begreift und die Wurzeln des Konfliktes in der individuellen Triebökonomie sucht, ginge meines Erachtens am Problem vorbei, das ein Gruppenproblem ist.

Freud vertrat in der zitierten Arbeit die Ansicht, seine individualpsychologische Theorie sei ihrer Struktur nach Sozialpsychologie, insofern als sie die psychische Entwicklung des einzelnen gerade in dessen Auseinandersetzungen mit Eltern, Lehrern und Freunden verfolge. Die psychische Problematik, die er damit als Gruppenkonflikt diagnostizierte, behandelte er in der Praxis jedoch als individuelles Problem seiner Patienten. Von diesen erwartete er Einsicht und Veränderung ihres Verhaltens. Er konnte dies tun, als er die Berichte seiner Patienten als Phantasiebildungen enthüllt zu haben glaubte. Wir wissen heute, daß die Aggressionen, welche in der Familiengruppe entstehen oder dort auch nur ausbrechen, keineswegs immer der Verdrängung anheimfallen, sondern als manifestes Verhalten die Gruppensituation bestimmen können. Indem Freud den Gruppenkonflikt der bürgerlichen Familie als intrapsychischen Konflikt seiner Patienten studierte und behandelte, die konfliktuöse Familiengruppe aber als eine kulturnotwendige Repressionsagentur verabsolutierte und eine Änderung ihres Verhaltens weder erwartete noch erstrebte, beschränkte er entscheidend seine Praxis. So entwickelte er zum Beispiel kein Konzept, welches die Angehörigen in den Therapieplan systematisch miteinbezogen hätte. So notwendig diese Beschränkung auf das Individuum und seinen intrapsychischen Konflikt für die Entwicklung der psychoanalytischen Wissenschaft auch war, sie heute noch fortzusetzen, hieße die Ergebnisse der psychoanalytischen Familienforschung ignorieren.

Der fortgeschrittene Funktionsverlust der Familie, verbunden mit den tiefgreifenden Veränderungen unserer sozialen Wirklichkeit, hat die Familie selbst als Gruppe zu einem entscheidenden Problem werden lassen. Denn dieser an ihrem sozialen Funktionsverlust strukturell erkrankten Gruppe obliegt nach wie vor die Aufzucht und Erziehung der Kinder wenigstens bis zum Eintritt in die Schule, während einer Zeitspanne also, welche die Psychoanalyse als entscheidend für die gesamte psychische Entwicklung erkannt und erforscht hat. Es mag kein Zufall sein, daß in einer Gesellschaft, die ihre Kinder neben den Abfallkübeln ihrer Massensiedlungen spielen läßt, die Familiengruppe zu den unaufgeklärtesten und hilflosesten gezählt werden muß. Das Abgeschnittensein der Familiengruppe von einer Öffentlichkeit, worin ihre Konflikte als Gruppenkonflikte diskutiert und analysiert werden könnten, erscheint in diesem Zusammenhang als ein fatales Problem. Ich meine, daß darin ein gesamtgesellschaftlicher Verdrängungsprozeß sich ausdrückt, dessen Opfer die Familiengruppe heute weit eher ist, als dessen Agent.

Mit dieser Realität gerät jene Vorstellung in Konflikt, welche in der bürgerlichen Familie noch immer das Reservat der Humanität, der Liebe und der Bildung sehen möchte. Diese Vorstellung, der schon in der liberalen Ära die Realität nur sehr unvollkommen entsprochen hatte, ist heute vollends obsolet geworden. Als eine von Werbung und Massenmedien systematisch hervorgebrachte Ideologie belastet sie die hilflose Familiengruppe mit Schuldgefühlen, die ihrerseits das Entstehen destruktiven Verhaltens befördern. Hier liegt, wie ich meine, die große Aufgabe der analytischen Gruppen- und Kinderarbeit. Sie erst verschafft den Konflikten der psychischen Entwicklung jene Öffentlichkeit, die eine unentbehrliche Voraussetzung für die emanzipatorische Bearbeitung dieser Konflikte ist, denn diese kann nur in gemeinsamer Anstrengung erfolgen.

Mit der therapeutischen Gruppe wurde eine Situation entwikkelt, worin der Familienkonflikt des Patienten nicht als Phantasie erscheint und als solche interpretiert wird, sondern im Hier und Jetzt der Gruppensituation wiedererlebt, ja handgreiflich wiederhergestellt wird. Nicht als Phantasiebildung schlecht verdrängter Triebwünsche, sondern als reales Gruppenproblem kann der Familienkonflikt erkannt und behandelt werden. Darüber hinaus sollten wir fortschreiten zur Entwicklung psychoanalytischer Kindergärten, worin das Aufwachsen der Kinder in Zusammenarbeit mit der Elterngruppe von der Enge und den Frustrationen der Kleinfamilie befreit werden kann. Das Lehr- und Forschungsinstitut für Dynamische Psychiatrie und Gruppendynamik Berlin hat vor zweieinhalb Jahren mit dem Aufbau eines solchen Kindergartens begonnen und kann über gute Erfahrungen berichten.

Ebenso ernst sollten wir die Versuche nehmen, durch die Gründung von Wohngemeinschaften und Kinderläden die gemeinsamen Probleme auch gemeinsam zu bewältigen, gerade weil hier vielfach Hilfe benötigt wird. Zweifellos, meine Damen und Herren, handelt es sich beim Zerfall und den Versuchen zur verändernden Neuorganisation der Familiengruppe und ihrer Funktionen um ein soziales Problem allerersten Ranges. Ein Problem, so meine ich, das ohne den Aufbau einer breit angelegten psychoanalytischen Sozialarbeit nicht wird gelöst werden können.

Literaturverzeichnis

I. Zur Psychodynamik und Gruppendynamik der Aggression

ALEXANDER, F./ROSS, H. (ed.) (1952): Dynamic Psychiatry (Chicago: The Univ. of Chicago Press).

AMMON, Günter (1969): On the Theory of Aggression. A Clinical View. Proceedings of the 1st. Int. Ontoanalytic Convention in Marbella/Spain on Feb. 26th. 1969.

– (1969g): Herrschaft und Aggression – Zur Psychoanalyse der Aggression (Berlin: Pinel-Publikationen).

BION, W. R. (1960): Experiences in Groups (New York: Basic Books).

ERIKSON, E. H. (1965): Kindheit und Gesellschaft (Stuttgart: Ernst Klett).

FENICHEL, O. (1945): The Psychoanalytic Theory of Neurosis (New York: Norton).

FREUD, A. (1936): Das Ich und die Abwehrmechanismen (London: Imago Publ.). Taschenbuchausgabe – München: Kindler, 1964.

FREUD, S. (1920): Jenseits des Lustprinzips. Ges. W. Bd. XIII (London: Imago Publ.).

– (1921): Massenpsychologie und Ich-Analyse. a.a.O. Bd. XIII.

– (1923): Das Ich und das Es. a.a.O. Bd. XIII.

– (1938): Abriß der Psychoanalyse. a.a.O. Bd. XVII.

HARTMANN, H., KRIS, E., LOEWENSTEIN, R. (1949): Notes on the Theory of Aggression, in: Psychoanalytic Study of the Child, Vol. III, IV (New York: Int. Univ. Press).

LE BON, G. (1895): Psychologie der Massen (Stuttgart: Alfred Kröner, 1953).

LORENZ, K. (1963): Das sogenannte Böse (Wien: Borotha-Schoeler).

MARCUSE, H. (1967): Triebstruktur und Gesellschaft (Frankfurt/M: Suhrkamp).

– (1969): Aggressivität in der gegenwärtigen Industriegesellschaft, in: Aggression und Anpassung in der Industriegesellschaft (Frankfurt/M: Suhrkamp).

MENNINGER, K. (1938): Man against Himself (New York: Harcourt, Brace and World).

– (1963): The Vital Balance (New York: The Viking Press).

– (1968): Das Leben als Balance (München: Piper).

MITSCHERLICH, A. (1958): Aggression und Anpassung, in: Psyche, 12. Jhg.

– (1962): Revision der Vorurteile, in: Der Monat, No. 165.

– (1965a): Zur Wesensbestimmung der Aggression, in H. Thomae: Die Motivation menschlichen Handelns (Köln/Berlin: Kiepenheuer & Witsch).

– (1965 b): Auf dem Weg zur vaterlosen Gesellschaft (München: Piper).
PLACK, A. (1968): Die Gesellschaft und das Böse (München: Paul List).
SPITZ, R. (1967): Vom Säugling zum Kleinkind (Stuttgart: Ernst Klett).

II. Psychoanalyse und Gruppenpsychotherapie – Anpassung oder Emanzipation?

AMMON, Günter (1959): Theoretical Aspects of Milieu Therapy. Graduation Thesis, Menninger School of Psychiatry, Topeka.
– (1968 a): Dynamische Psychiatrie, in: Dyn. Psych., 1. Jhg., H. 1.
– (1969 d): Oralität, Identitätsdiffusion und weibliche Homosexualität: Eine psychoanalytische Studie (Berlin: Pinel-Publikationen).
– (1969 e): Verifikation von Psychotherapie bei schizophrener Reaktion, in: Confinia Psychiatrica, 12. Jhg., No. 1.
BLOCH, E. (1967): Widerstand und Friede, Rede gehalten am 15. 10. 1967 in Frankfurt/M.
FOULKES, S. H./ANTHONY, E. J. (1957): Group Psychotherapy (London: Penguin Books).
FREUD, A. (1936): Das Ich und die Abwehrmechanismen (London: Imago Publ.). Taschenbuchausgabe – München: Kindler, 1964.
FREUD, S. (1911): Formulierungen über die zwei Prinzipien des psychischen Geschehens. Ges. W., Bd. VIII (London: Imago Publ.).
– (1920): Jenseits des Lustprinzips. a.a.O. Bd. XIII.
– (1926): Die Frage der Laienanalyse. a.a.O. Bd. XIV.
– (1930): Das Unbehagen in der Kultur. a.a.O. Bd. XIV.
– (1932): Neue Folge der Vorlesungen zur Einführung in die Psychoanalyse. a.a.O. Bd. XV.
– (1938): Abriß der Psychoanalyse. a.a.O. Bd. XVII.
MENNINGER, K. (1968): Das Leben als Balance (München: Piper).
MITSCHERLICH, A. (1965): Auf dem Weg zur vaterlosen Gesellschaft (München: Piper).

III. Abrupter Durchbruch destruktiver Aggression als psychiatrisches Problem

AMMON, Günter (1965 a): Sudden Loss of Impuls-Control: Research Project Design for the Menninger Foundation, Topeka, USA, unveröffentlicht.
– (1965 b): Abrupter Verlust der Ich-Kontrolle. Vortrag am Berliner Psychoanalytischen Institut gehalten am 19. 11. 1965.
– (1969 c): Zur Psychodynamik und Gruppendynamik der Aggression, in: Wege zum Menschen, 21. Jhg., H. 5.

Menninger, K. (1954a): The Homeostatic Regulatory Function of the Ego; Regulatory Devices of the Ego under Stress, in: Journ. of the Amer. Psych. Ass. 2.
– (1954b): Devices of the Ego under Major Stress, in: Int. Journ. of Psycho-Analysis, 35.
Menninger, K. et al. (1956): Episodic Discontrol, in: Menning. Bull., Vol. 20, No. 4.
– (1963): The Vital Balance. Chap.: Ego Rupture; Episodic Impulsive Violence (New York: The Viking Press).
– (1968): Das Leben als Balance. Kap. X: Eine dritte Ordnung der Kontrollstörung: Unverhüllte Aggression (München: Piper).
Satten, J. / Menninger, K. / Rosen, I. / Mayman, M. (1960): Murder without Apparent Motive. A Study in Personality Disorganization, in: Americ. Journ. of Psychiatry, Vol. 117.

IV. Herrschaft und Aggression: Zur Psychoanalyse der Aggression

Adorno, Th. W. (1950): The Authoritarian Personality (New York: Harper).
Alexander, F./Ross, H. (ed.) (1952): Dynamic Psychiatry (Chicago: The Univ. of Chicago Press).
Ammon, Gisela (1969): Beobachtungen über einen psychoanalytischen Kindergarten (Zum Problem der Frustrationsregulation), Beitrag in: Psychoanalytische Gruppenpsychotherapie, 1. Int. Symposion der Deutschen Gruppenpsychotherapeutischen Gesellschaft (Berlin: Heenemann).
Ammon, Günter (1965): Beobachtungen und Erfahrungen eines Psychiaters und Psychoanalytikers mit den Lacandon-Maya Mittelamerikas, Sonderdruck aus Bd. 1, 1966, H. 2 d. Mitteilungen der Berl. Ges. f. Anthropologie, Ethnologie und Urgeschichte.
– (1968): Dynamische Psychiatrie, in: Dyn. Psych., 1. Jhg., H. 1.
– (1969): On the Theory of Aggression. A Clinical View. Proceedings of the 1st. Int. Ontoanalytic Convention in Marbella/Spain on Feb. 26th., 1969.
– (1969c): Zur Psychodynamik und Gruppendynamik der Aggression, in: Wege zum Menschen, 21. Jhg., H. 5.
– (1969d): Oralität, Identitätsdiffusion und weibliche Homosexualität: Eine psychoanalytische Studie (Berlin: Pinel-Publikationen).
– (1969e): Verifikation von Psychotherapie bei schizophrener Reaktion, in: Confinia Psychiatrica, Vol. 12, No. 1.
– (1969f): Abrupter Durchbruch destruktiver Aggression als psychiatrisches Problem, Beiträge zur gerichtlichen Medizin, Bd. 27 (Wien: Deuticke).

– (1970a): Psychoanalyse und Gruppenpsychotherapie – Anpassung oder Emanzipation? in: Zeitschr. f. Psychotherapie und med. Psychologie, 20. Jhg., No. 1.
– (1970b): Destruktion und Autorität. Vortrag gehalten auf der Arbeitstagung der Dt. Kriminologischen Ges. e. V. am 14. 6. 1969 in Frankfurt/M. (Berlin: Privatdruck).
BARAN, P. A. (1966): Marxismus und Psychoanalyse, in: Unterdrückung und Fortschritt (Frankfurt/M.: Suhrkamp).
BARNETT, A. (1968): Instinkt und Intelligenz, Rätsel des tierischen und menschlichen Verhaltens (Bergisch-Gladbach: Gustav Lübbe).
BELLAK, L. (1967): The Broad Scope of Psychoanalysis. Selected papers (New York/London: Grune & Stratton).
BENEDICT, R. (1956): Patterns of Culture. An Analysis of our Social Structure as Related to Primitive Civilizations (New York: The New American Library: Mentor Books).
BRÜCKNER, F. (1966): Freiheit, Gleichheit, Sicherheit. Von den Widersprüchen des Wohlstandes, zitiert aus: K. Horn: Dressur oder Erziehung (Frankfurt/M.: Suhrkamp).
DOLLARD, I. et al. (1939): Frustration und Aggression (New Haven: Yale Univ. Press).
– (1941): Die Frustrations-Aggressions-Hypothese, Beitrag in: Psycholog. Rev. 48, zitiert aus: H. Thomae: Die Motivation menschlichen Handelns (Köln/Berlin: Kiepenheuer & Witsch).
EKSTEIN, R. (1949): A Biographical Comment on Freud's Dual Instinct Theory, Bull. Menning. Clinic, Vol. 13, No. 5.
ENGLISH, H. B./ENGLISH, A. C. (1957): A Comprehensive Dictionary of Psychological and Psychoanalytical Terms (New York/London/Toronto: Longman, Green & Co., 1958).
ERIKSON, E. H. (1965): Kindheit und Gesellschaft (Stuttgart: Ernst Klett).
FENICHEL, O. (1945): The Psychoanalytical Theory of Neurosis (New York: Norton).
FREUD, A. (1936): Das Ich und die Abwehrmechanismen (London: Imago Publ.). Taschenbuchausgabe – München: Kindler, 1964.
FREUD, S. (1917): Die Libidotheorie und der Narzißmus, Ges. W. Bd. XI (London: Imago Publ.).
– (1921): Massenpsychologie und Ich-Analyse. a.a.O. Bd. XIII.
– (1923): Das Ich und das Es. a.a.O. Bd. XIII.
– (1938): Abriß der Psychoanalyse. a.a.O. Bd. XVII.
HARTMANN, H. (1937): Ich-Psychologie und Anpassungsprobleme (Stuttgart: Ernst Klett, deutschsprachige Neuauflage 1960).
HARTMANN, H., KRIS, E., LOEWENSTEIN, R. (1949): Notes on the Theory of Aggression, in: Psychoanalytic Study of the Child, Vol. III, IV (New York: Int. Univ. Press).

Hitschmann, E. (1941): Freud in Life and Death. The American Imago, No. 2.
Mead, M. (1953): Growing up in New Guinea (New York: The New American Library: Mentor Book).
– (1955): Male and Female. a.a.O.
– (1958): Sex and Temperament in Three Primitive Societies. a.a.O.
Mitscherlich, A. (1958): Aggression und Anpassung, in: Psyche, 12. Jhg.
– (1965): Zur Wesensbestimmung der Aggression, in: H. Thomae: Die Motivation menschlichen Handelns (Köln/Berlin: Kiepenheuer & Witsch).
– (1969): Aggression ist eine Grundmacht des Lebens, Rede zur Verleihung des Friedenspreises des Dt. Buchhandels, in: Der Spiegel, 23. Jhg., H. 42.
Noelle, E./Neumann, E. P. (1958–1964): Jahrbuch der öffentlichen Meinung (Allensbach/Bonn: Verlag für Demoskopie).
Rapaport, D. (1951): The Autonomy of the Ego, in: The Collected Papers of D. Rapaport ed. M. M. Gill (New York/London: Basic Books 1967).
Schilder, P. F. (1952): Medical Psychology (New York: Int. Univ. Press).
– (1953): I. Ziferstein über P. F. Schilder, in: Psychoanalytic Pioneers: »Psychoanalysis and Psychiatry« (New York/London: Basic Books).
Spitz, R. (1967): Vom Säugling zum Kleinkind (Stuttgart: Ernst Klett).
Strech, H. H. (1969): Zur Kulturanthropologie der Aggression, vorgetragen auf dem Forum des Lehr- und Forschungsinstituts für Dynamische Psychiatrie und Gruppendynamik, Berlin, am 27. 10. 1969.
Strotzka, H. (1969): Zur Kritik von Herbert Marcuses Freud-Interpretation, in: Dyn. Psych., 2. Jhg., H. 3.
Veszy-Wagner. L. (1969): Briefl. Mitteilung vom 26. 10. 1969.

V. Von der spätbürgerlichen Psychoanalyse zur Emanzipation in der Gruppe

Ammon, Günter (1964): Unveröffentlichte Forschungsergebnisse über Kreativität.
– (1968a): Dynamische Psychiatrie, in: Dyn. Psych., 1. Jhg., H. 1.
– (1969d): Oralität, Identitätsdiffusion und weibliche Homosexualität: Eine psychoanalytische Studie (Berlin: Pinel-Publikationen).
– (1969e): Verifikation von Psychotherapie bei schizophrener Reaktion, in: Confinia Psychiatrica, 12. Jhg., No. 1.
– (1969f): Abrupter Durchbruch destruktiver Aggression als psychiatrisches Problem, Beiträge zur gerichtlichen Medizin, Bd. 27 (Wien: Deuticke).

– (1969g): Herrschaft und Aggression – Zur Psychoanalyse der Aggression (Berlin: Pinel-Publikationen).
– (1970a): Psychoanalyse und Gruppenpsychotherapie – Anpassung oder Emanzipation? in: Zeitschr. für Psychotherapie und med. Psychologie, 20. Jhg., No. 1.
Bloch, E. (1967): Widerstand und Friede. Rede gehalten am 15. 10. 1967 in Frankfurt/M.
Erikson, E. H. (1950): Childhood and Society (New York: Norton).
Foulkes, S. H./Anthony, E. J. (1957): Group Psychotherapy (London: Penguin Books).
Freud, A. (1936): Das Ich und die Abwehrmechanismen (London: Imago Publ.). Taschenbuchausgabe – München: Kindler, 1964.
Freud, S. (1909–1913): Über neurotische Erkrankungstypen. Ges. W., Bd. VII (London: Imago Publ.).
– (1911): Formulierungen über die zwei Prinzipien des psychischen Geschehens. a.a.O. Bd. VIII.
– (1920): Jenseits des Lustprinzips. a.a.O. Bd. XIII.
– (1926): Die Frage der Laienanalyse. a.a.O. Bd. XIV.
– (1930): Das Unbehagen in der Kultur. a.a.O. Bd. XIV.
– (1938): Abriß der Psychoanalyse. a.a.O. Bd. XVII.
Hartmann, H. (1958): Ego Psychology and the Problem of Adaptation (New York: Int. Univ. Press).
– (1960): Ich-Psychologie und Anpassungsprobleme (Stuttgart: Ernst Klett).
– (1964): Zur psychoanalytischen Theorie des Ichs (Stuttgart: Ernst Klett).
Marcuse, H. (1966): Zur Kritik der reinen Toleranz (Frankfurt/M.: Suhrkamp).
– (1967): Triebstruktur und Gesellschaft (Frankfurt/M.: Suhrkamp).
Menninger, K. (1968): Leben als Balance (München: Piper).
Mitscherlich, A. (1965): Auf dem Weg zur vaterlosen Gesellschaft (München: Piper).
– (1969): Die Idee des Friedens und die menschliche Aggressivität (Frankfurt/M.: Suhrkamp).
Rapaport, D. (1967): The Collected Papers of D. Rapaport ed. M. M. Gill:
(1954): Clinical Implications of Ego Psychology,
(1956): Present-Day Ego Psychology
(1957): Psychoanalyses as developmental Psychology (New York/London Basic Books).
Riesman, D. (1965): Freud und die Psychoanalyse (Frankfurt/M.: Suhrkamp).

VI. Ich-Struktur und Gesellschaft: Zur psychoanalytischen Kulturtheorie

Alexander, F. (1946): The Principle of Corrective Emotional Experience, in: Alexander, F./French, M. Th.: Psychoanalytic Therapy (New York: The Ronald Press).

Ammon, Günter (1959): Theoretical Aspects of Milieu Therapy. Graduation Thesis, The Menninger School of Psychiatry, Topeka.

– (1969c): Zur Psychodynamik und Gruppendynamik der Aggression, in: Wege zum Menschen, 21. Jhg., H. 5.

– (1969d): Oralität, Identitätsdiffusion und weibliche Homosexualität: Eine psychoanalytische Studie (Berlin: Pinel-Publikationen).

– (1969e): Verifikation von Psychotherapie bei schizophrener Reaktion, in: Confinia Psychiatrica, Vol. 12, No. 1.

– (1969f): Abrupter Durchbruch destruktiver Aggression als psychiatrisches Problem, Beiträge zur gerichtlichen Medizin, Bd. 27 (Wien: Deuticke).

– (1969g): Herrschaft und Aggression – Zur Psychoanalyse der Aggression (Berlin: Pinel-Publikationen).

– (1970b): Destruktion und Autorität: Eine psychoanalytische Studie. Vortrag gehalten auf der Arbeitstagung der Dt. Kriminologischen Ges. e. V. am 14. 6. 1969 in Frankfurt/M. (Berlin: Privatdruck).

– (1970c): Von der spätbürgerlichen Psychoanalyse zur Emanzipation in der Gruppe (Berlin: Pinel-Publikationen).

Baran, P. A. (1966): Marxismus und Psychoanalyse, in: Unterdrückung und Fortschritt (Frankfurt/M.: Suhrkamp).

Bateson, G. et al. (1969): Schizophrenie und Familie (Frankfurt/M.: Suhrkamp).

Erikson, E. H. (1965): Kindheit und Gesellschaft (Stuttgart: Ernst Klett).

Freud, A. (1936): Das Ich und die Abwehrmechanismen (London: Imago Publ.). Taschenbuchausgabe – München, Kindler, 1964.

Freud, S. (1904): Drei Abhandlungen zur Sexualtheorie. Ges. W. Bd. V. (London: Imago Publ.).

– (1913): Zur Einführung in den Narzißmus. a.a.O. Bd. X.

– (1920): Jenseits des Lustprinzips. a.a.O. Bd. XIII.

– (1930): Das Unbehagen in der Kultur. a.a.O. Bd. XIV.

Fürstenau, P. (1967): »Sublimierung« in affirmativer und negativ-kritischer Anwendung. Jhrb. d. Psychoanal., Bd. IV (Bern/Stuttgart: Huber).

Hartmann, H. (1937): Ich-Psychologie und Anpassungsprobleme (Stuttgart: Ernst Klett, deutschsprachige Neuauflage 1960).

– (1964): Zur psychoanalytischen Theorie des Ichs (Stuttgart: Ernst Klett).

– (1964): Essays on Ego Psychology (New York: Int. Univ. Press).
KRIS, E. (1952): Psychoanalytic Explorations in Art (New York: Int. Univ. Press).
KUBIE, L. (1962): The Fallacious Misuse of the Concept of Sublimation, in: Psychoanalyt. Quart. 31.
LOCH, W. (1965): Voraussetzungen, Mechanismen und Grenzen des psychoanalytischen Prozesses (Bern/Stuttgart: Huber).
MARCUSE, H. (1967): Triebstruktur und Gesellschaft (Frankfurt/M.: Suhrkamp).
MENNINGER, K. (1967): Das Leben als Balance (München: Piper).
RAPAPORT, D. (1967): The Collected Papers of D. Rapaport ed. M. M. Gill:
(1951): The Autonomy of the Ego,
(1954): Clinical Implications of Ego Psychology
(1956): Present-Day Ego Psychology
(1957): A Theoretical Analysis of the Superego Concept.
WERDER, L. v. (1969): Rote Presse Korrespondenz.
WINNICOTT, D. W. (1969): Kind, Familie und Umwelt (München/Basel: Ernst Reinhardt).

VII. Schicksale von Aggression und die emanzipatorische Funktion der Entwicklung von Ich-Autonomie

AMMON, Gisela (1969): Beobachtungen über einen psychoanalytischen Kindergarten (Zum Problem der Frustrationsregulation), Beitrag in: Psychoanalytische Gruppenpsychotherapie, 1. Int. Symposion der Deutschen Gruppenpsychotherapeutischen Gesellschaft (Berlin: Heenemann).
– (1970): Handhabung von Sexualität und Aggression im psychoanalytischen Kindergarten. Vortrag gehalten auf dem 2. Int. Symposion über psychoanalytische Gruppenpsychotherapie in Paestum/Salerno 1970 (Berlin: Pinel-Publikationen).
AMMON, Günter (1969a): Group Analytic Psychotherapy, in: Group Analysis, Int. Panel and Correspondence, Vol. 2, No. 1.
– (1969c): Zur Psychodynamik und Gruppendynamik der Aggression, in: Wege zum Menschen, 21. Jhg., H. 5.
– (1969d): Oralität, Identitätsdiffusion und weibliche Homosexualität: Eine psychoanalytische Studie (Berlin: Pinel-Publikationen).
– (1969e): Verifikation von Psychotherapie bei schizophrener Reaktion, in: Confinia Psychiatrica, Vol. 12, No. 1.
– (1969f): Abrupter Durchbruch destruktiver Aggression als psychiatrisches Problem, Beiträge zur gerichtlichen Medizin, Bd. 27 (Wien: Deuticke).

– (1969g): Herrschaft und Aggression: Zur Psychoanalyse der Aggression (Berlin: Pinel-Publikationen).
– (1970a): Psychoanalyse und Gruppenpsychotherapie – Anpassung oder Emanzipation? in: Zeitschr. f. Psychotherapie und med. Psychologie, 20. Jhg., No. 1.
– (1970b): Destruktion und Autorität. Vortrag gehalten auf der Arbeitstagung der Dt. Kriminologischen Ges. e. V. am 14. 6. 1969 in Frankfurt/M. (Berlin: Privatdruck).
– (1970c): Von der spätbürgerlichen Psychoanalyse zur Emanzipation in der Gruppe (Berlin: Pinel-Publikationen).
Bateson, G. et al (1969): Schizophrenie und Familie (Frankfurt/M.: Suhrkamp).
Erikson, E. H. (1965): Kindheit und Gesellschaft (Stuttgart: Ernst Klett).
Freud, S. (1904): Drei Abhandlungen zur Sexualtheorie. Ges. W. Bd. V. (London: Imago Publ.).
– (1913): Zur Einführung in den Narzißmus. a.a.O. Bd. X.
– (1920): Jenseits des Lustprinzips. a.a.O. Bd. XIII.
– (1920): Das Ich und das Es. a.a.O. Bd. XIII.
– (1930): Das Unbehagen in der Kultur. a.a.O. Bd. XIV.
Mitscherlich, A. (1969): Die Idee des Friedens und die menschliche Aggressivität (Frankfurt/M.: Suhrkamp).
Schindler, W. (1957): Exibitionistic »Acting-out« and Transference in Family Group-Therapy. Zeitschrift f. diagn. Psychologie und Persönlichkeitsforschung, Bd. 5, H. 3/4.
Winnicott, D. W. (1969): Kind, Familie und Umwelt (München/Basel: Ernst Reinhardt).

VIII. Von der psychoanalytischen Standardmethode zur analytischen Gruppenpsychotherapie

Ackerman, N. M. (1949): Psychoanalysis and Group Psychotherapy, in: Group Psychotherapy, Vol. III, No. 2–3, ed. by J. L. Moreno (Boston: Beacon Press).
Ammon, Gisela (1969): Beobachtungen über einen psychoanalytischen Kindergarten (Zum Problem der Frustrationsregulation), Beitrag in: Psychoanalytische Gruppenpsychotherapie, 1. Int. Symposion der Deutschen Gruppenpsychotherapeutischen Gesellschaft (Berlin: Heenemann).
Ammon, Günter (1959): Theoretical Aspects of Milieu Therapy, Graduation Thesis, Menninger School of Psychiatry, Topeka.
– (1969a): Group Analytic Psychotherapy, in: Group Analysis. Int. Panel and Correspondence, Vol. 2, No. 1.
– (1969b): Psychoanalytische Gruppenpsychotherapie – Indikation und Prozeß (Berlin: Pinel-Publikationen).

– (1969d): Oralität, Identitätsdiffusion und weibliche Homosexualität: Eine psychoanalytische Studie (Berlin: Pinel-Publikationen).
– (1969e): Verifikation von Psychotherapie bei schizophrener Reaktion, in: Confinia Psychiatrica, Vol. 12, No. 1.
– (1969g): Herrschaft und Aggression: Zur Psychoanalyse der Aggression (Berlin: Pinel-Publikationen).
– (1970a): Psychoanalyse und Gruppenpsychotherapie – Anpassung oder Emanzipation? in: Zeitschr. f. Psychotherapie und med. Psychologie, 20. Jhg., H. 1.
– (1970c): Von der spätbürgerlichen Psychoanalyse zur Emanzipation in der Gruppe (Berlin: Pinel-Publikationen).
– (1970d): Ich-Struktur und Gesellschaft: Zur psychoanalytischen Kulturtheorie, in: Dyn. Psych., 3. Jhg., H. 2.
– (1970g): Schicksale von Aggression und die emanzipatorische Funktion der Entwicklung von Ich-Autonomie in der psychotherapeutischen Gruppe. Vortrag gehalten auf dem 2. Int. Symposion über psychoanalytische Gruppenpsychotherapie in Paestum/Salerno, Mai 1970.
– (1970h): Vom Sinn und Unsinn der Lehranalyse. Unveröffentl. Manuskript.
Bion, W. R. (1961): Experiences in Groups (New York: Basic Books).
Erikson, E. H. (1965): Kindheit und Gesellschaft (Stuttgart: Ernst Klett).
Foulkes, S. H. (1948): Introduction to Group Analytic Psychotherapy (London: Heinemann).
– (1964): Therapeutic Group Analysis (London: Allen & Unwin).
Foulkes, S. H./Anthony, E. J. (1957): Group Psychotherapy. The Psychoanalytic Approach (London: Penguin Books).
Freud, A. (1927): Einführung in die Technik der Kinderanalyse (München/Basel: Ernst Reinhardt 1966).
– (1936): Das Ich und die Abwehrmechanismen (London: Imago Publ.) Taschenbuchausgabe – München: Kindler, 1964.
– (1968): Wege und Irrwege in der Kinderentwicklung (Stuttgart: Ernst Klett).
Freud, S. (1896): Zur Ätiologie der Hysterie. Ges. W. Bd. I (London: Imago Publ.).
– (1900): Die Traumdeutung. a.a.O. Bd. II/III.
– (1904): Drei Abhandlungen zur Sexualtheorie. a.a.O. Bd. V.
– (1908): Über infantile Sexualtheorien. a.a.O. Bd. VII.
– (1917): Vorlesungen zur Einführung in die Psychoanalyse. a.a.O. Bd. XI.
– (1923): Die infantile Genitalorganisation. a.a.O. Bd. XIII.
– (1924): Der Untergang des Ödiupskomplexes. a.a.O. Bd. XIII.
Grotjahn, M. (1969): Das analytische Gruppenerlebnis im Rahmen der psychotherapeutischen Ausbildung, in: Dyn. Psych., 2. Jhg., H. 1/2.

Hillmann, G. (1970): Zentralisierte Organisation und Gruppenprozesse, in: Gruppendynamik, 1. Jhg., No. 2.
Rapaport, D. (1959): Die Struktur der psychoanalytischen Theorie (Stuttgart: Ernst Klett).
– (1961): Persönliche Mitteilung des Autors.
Schneider, K. (1962): Klinische Psychopathologie. 6. Aufl. (Stuttgart: Thieme).
Simmel, E. (1929): Psychoanalytic Treatment in a Sanatory, in: Int Journ. of Psychoanalysis, Vol. 10.
– (1936): The Psychoanalytic Sanatory and the Psychoanalytic Movement, in: Bull. Menning. Clin., Vol. 1.
Spitz, R. (1959): A Genetic Field Theory of Ego Formation (New York: Int Univ. Press).
– (1960): Die Entstehung der ersten Objektbeziehungen (Stuttgart: Ernst Klett).
– (1967): Vom Säugling zum Kleinkind (Stuttgart: Ernst Klett).

IX. Gruppe und Aggression – Eine psychoanalytische Untersuchung zur Aggressionsdynamik der Familiengruppe

Ammon, Gisela (1969): Beobachtungen über einen psychoanalytischen Kindergarten (Zum Problem der Frustrationsregulation), Beitrag in: Psychoanalytische Gruppenpsychotherapie, 1. Int. Symposion der Deutschen Gruppenpsychotherapeutischen Gesellschaft (Berlin: Heenemann).
Ammon, Günter (1970d): Ich-Struktur und Gesellschaft: Zur psychoanalytischen Kulturtheorie, in: Dyn. Psych., 3. Jhg., H. 2.
– (1970g): Schicksale von Aggression und die emanzipatorische Funktion der Entwicklung von Ich-Autonomie. Vortrag gehalten auf dem 2. Int. Symposion über psychoanalytische Gruppenpsychotherapie in Paestum/Salerno, Mai 1970.
Bateson, G. et al. (1969): Schizophrenie und Familie (Frankfurt/M.: Suhrkamp).
Freud, S. (1921): Massenpsychologie und Ich-Analyse. Ges. W. Bd. XIII (London: Imago Publ.).
Habermas, J. (1962): Strukturwandel der Öffentlichkeit. Untersuchungen zu einer Kategorie der bürgerlichen Gesellschaft. 4. Aufl. 1969 (Neuwied/Berlin: Luchterhand).

Biographische Notiz

Günter Ammon, geb. 1918, der Begründer der neuen Berliner psychoanalytischen Schule, lebt heute als frei praktizierender Psychiater und Psychoanalytiker in Westberlin.

Nach Abschluß seiner Studien an den Universitäten Greifswald, Wien, Heidelberg und Berlin erhielt Ammon in den Jahren 1952–56 am Berliner Psychoanalytischen Institut seine Ausbildung.

Die Grundzüge seiner Konzeption des psychischen Krankheitsgeschehens und seiner therapeutischen Arbeit entwickelte er dann in den Jahren 1956–1965 im Rahmen seiner Tätigkeit als Psychiater, Psychoanalytiker und akademischer Lehrer an der Menninger Clinic and School of Psychiatry in Topeka (Kansas) in den Vereinigten Staaten.

Seine langjährigen Erfahrungen in der Erforschung und Therapie psychischer Krankheiten in einem vielfältig differenzierten therapeutischen Milieu – von der klassischen Analyse über die analytische Milieu- und Gruppentherapie bis zur Psychotherapie schizophren reagierender Patienten – faßte Ammon seit 1959 in einer Reihe grundlegender Arbeiten zum Problem der Ich- und Identitätsentwicklung in der Gruppe zusammen.

Ammons psychodynamisches Konzept begreift die psychische Krankheit des einzelnen als Ausdruck und als Ergebnis einer unbewußten pathogenen Dynamik der Gruppe, worin der Kranke aufgewachsen ist.

Die psychische Krankheit des einzelnen verweist daher immer auf die krankmachende Lebenssituation, aus der er hervorgegangen ist, insbesondere auf die unbewußte Dynamik der interpersonellen Beziehungen in der Familiengruppe und ihrer Repräsentanten.

Die Ursache für schwere Schädigungen der Ich-Entwicklung, wie sie etwa in den Syndromen der psychotischen Reaktion, der Perversion und der psychosomatischen Symptomatik erscheinen, sieht Ammon in einer Störung der frühen Mutter-Kind-Beziehung, die er als Symbiose-Komplex beschrieben hat. Eine feindselige, verständnislose oder ängstlich versagende Haltung der Mutter und der Familie gegenüber dem Kinde, die diesem das Wahrnehmen und die Befriedigung der eigenen Bedürfnisse nicht gestattet, bildet demnach den Kern psychischer Pathologie. Ammon hat diese Haltung als die spezifische Dynamik des Laios-Komplexes beschrieben.

Eine gelingende Ich-Entwicklung und der schöpferische Schritt zur eigenen Identität setzt eine Gruppe voraus, die für das sich entwickelnde Kind ein »facilitating environment« bildet, in dessen Medium die Kommunikation über Bedürfnisse und ihre Befriedigung schuldfrei und kreativ sich entfalten kann.

Die unterschiedlichen Manifestationsformen der psychischen Krankheit bilden danach jeweils ein Spektrum, eine spezifische Konfiguration pathologischen Verhaltens, die insgesamt eine Kette von der schwersten psychotischen Reaktion bis zur leichten neurotischen Störung ergeben. Aufgabe der Therapie ist es, für die verschiedenen Krankheitsformen die ihrer spezifischen Psychodynamik entsprechenden therapeutischen Situationen bereitzustellen, die als therapeutische Lebenssituationen dem Kranken eine nachholende Ich-Entwicklung ermöglichen.

Sein aus der praktisch therapeutischen Arbeit entwickeltes Konzept der Ich- und Identitätsentwicklung im Medium der Gruppe, sein Konzept des Symbiose-Komplexes, der Ich-Funktionen der konstruktiven Aggression und der Kreativität, seine Kritik der Destruktionstrieblehre und der Sublimierungstheorie haben Ammon zum Begründer einer eigenen psychoanalytischen Schule werden lassen, die den emanzipatorischen Auftrag der Psychoanalyse in Ausbildung und klinischer Arbeit realisiert.

Ammon leitet das Lehr- und Forschungsinstitut für Dynamische Psychiatrie und Gruppendynamik (LFI), Berlin, und ist derzeitiger Präsident der Deutschen Akademie für Psychoanalyse e. V. (DAP) und der mit ihr affiliierten Deutschen Gruppenpsychotherapeutischen Gesellschaft e. V. (DGG).

Er ist Herausgeber der Internationalen Zeitschrift für Psychiatrie und Psychoanalyse »Dynamische Psychiatrie/Dynamic Psychiatry«, Mitherausgeber von »Comparative Group Studies«, Los Angeles, »Investigación Psicosomatica«, Buenos Aires, »International Journal for Psychoanalytic Psychotherapy«, New York.

Register

7-1-10-5-3

KINDLER

Dr. med. Günter Ammon, geboren 1918, frei praktizierender Psychiater und Psychoanalytiker in Berlin, Präsident der Deutschen Akademie für Psychoanalyse und der Deutschen Gruppenpsychotherapeutischen Gesellschaft, Herausgeber der »Dynamischen Psychiatrie«, setzt der Freudschen Destruktionstrieblehre eine neue Theorie entgegen: Aggression ist kein Trieb, sondern eine Ich-Funktion, destruktive Aggression eine pathologische Form der Ich-Entwicklung, und zwar als Reaktion auf repressive Gesellschaftsstrukturen. Ihre Therapie geschieht daher am besten mit »sozialen« Mitteln, das heißt als Gruppentherapie, die besonders gute Möglichkeiten zur Aggressionsverarbeitung bietet. Ammons hier vorliegende Arbeiten unterstreichen damit den emanzipatorischen Auftrag der Psychoanalyse.

Günter
Ammon

ISBN 3 463 18101 0
680